Meditação budista

Venerável Samdhong Rinpoche

Meditação budista

Tradução
Lúcia Brito

São Paulo
2015

Copyright da tradução em língua portuguesa
© 2011. Todos os direitos reservados. Publicado sob
acordo com o editor original, Wisdom Tree.
© 2014 Editora Gaia Ltda. Buddhist Meditation.
1ª Edição, Editora Gaia, São Paulo, 2015

Jefferson L. Alves – diretor editorial
Richard A. Alves – diretor de marketing
Flávio Samuel – gerente de produção
Danielle Sales – coordenadora editorial
Thaís Fernandes – assistente editorial
Lúcia Brito – tradução
Deborah Stafussi e Thaís Fernandes – revisão
Mulher meditando: Ollyy/Shutterstock –
Pedra: Skywing/Shutterstock – foto da capa
Tathiana A. Inocêncio – capa
Evelyn Rodrigues do Prado – projeto gráfico

Obra atualizada conforme o
NOVO ACORDO ORTOGRÁFICO DA LÍNGUA PORTUGUESA

CIP-BRASIL. CATALOGAÇÃO NA FONTE
SINDICATO NACIONAL DOS EDITORES DE LIVROS, RJ

R439m

Rinpoche, Samdhong
　　Meditação Budista / Samdhong Rinpoche ; tradução Lúcia Brito. -
1. ed. - São Paulo : Gaia, 2015.

　　Tradução de: Buddhist meditation
　　ISBN 978-85-7555-435-7

　　1. Meditação - Budismo. I. Título.

14-15454　　　　　　　　　　　　　　　　CDD: 294.385
　　　　　　　　　　　　　　　　　　　　CDU: 294.3

Direitos Reservados

editora gaia ltda.
Rua Pirapitingui, 111-A – Liberdade
CEP 01508-020 – São Paulo – SP
Tel.: (11) 3277-7999 – Fax: (11) 3277-8141
e-mail: gaia@editoragaia.com.br
www.editoragaia.com.br

Colabore com a produção científica e cultural.
Proibida a reprodução total ou parcial desta obra
sem a autorização do editor.

Nº de Catálogo: **3446**

Sumário

Nota do editor.. 11

1. Meditação: propósito, significado e preparativos............................ 13

Por que meditar? – O que é meditação? – Métodos de meditação: *śamatha* e *vipassanā* – Passos da meditação: concentração, pensamento, ponderação e análise – Budismo, carma e as três doutrinas – Preparação: estude, pondere e medite – Condições – Revendo a própria vida – Retiros de meditação – Perguntas e respostas: análise; prāṇāyāma e mantras.

2. Escolas tibetanas de meditação, o Nobre Caminho Óctuplo e posturas.. 29

Budismo Mahāyāna; escolas Vijñāna-vāada e Mādhyamika – Asanga e Nāgārjuna – Estágios da preparação e métodos de disciplina: disciplina de corpo, fala e mente – O Nobre Caminho Óctuplo: intenção correta; meio de vida correto; fala correta e ação correta – Ambiente calmo e música espiritual – Posturas: espinha ereta; respiração normal; olhos; concentração na respiração – Vida pura – Perguntas e respostas: Asanga e Nāgārjuna – Os olhos – Ambiente para meditação – Fala verdadeira.

3. Objeto e métodos de concentração... 49

Escolhendo um objeto para concentração: dentro do corpo (mente e respiração); fora do corpo (som e formas) – Processo da concentração e exercícios: verdade absoluta e relativa; mente condicionada e dispersa; respiração –

Perguntas e respostas: força de vontade; percepção pura; mente e pensamento; o cérebro e a mente; roupas.

4. Obstáculos à concentração e medidas preventivas 69

Distrações da mente – Afundamento da mente – Medidas preventivas: recordação e reconhecimento – Versões sutis de distrações e afundamento da mente – Requisitos para o progresso na meditação – Rotina estrita – Variações na rotina – Mudando o objeto de concentração – Aumentando o período de concentração – Disciplinas para concentração prolongada – Perguntas e respostas: frequência e períodos de meditação; poderes de recordação e reconhecimento; *siddhis* (atributos da perfeição); cegueira e concentração.

**5. Progresso da meditação: unidirecionalidade, sabedoria
e *insight*** 91

Mudanças físicas e mentais – Funcionamento da mente por meio dos olhos e ouvidos – Harmonizando mente e corpo – Oito tipos de *samādhi* – Investigando a realidade das coisas – Métodos para se atingir o nirvana: sabedoria e os meios de obtê-la – O conceito de "eu" – Realidade absoluta definida – Investigando fenômenos – *Vipassanā* – Perguntas e respostas: sabedoria e realidade absoluta; ignorância; pureza de vida; meditação e nirvana; necessidade de um guru.

6. A totalidade da percepção e as Quatro Nobres Verdades 109

Quatro tipos de percepção: sensorial, interna, da consciência e ioga – *Vipassanā* por meio de averiguação, discriminação e análise – As Quatro Nobres Verdades: sofrimento, sua causa, seu fim e como acabar com ele

– A mente transcendental – Nossa incapacidade de acabar com o sofrimento humano – Evolução da humanidade – Direcionando nossa força mental para acabar com o sofrimento humano – Perguntas e respostas: verdade e Kali-Yuga; pureza da vida; declínio moral; o Buda e a verdade do sofrimento; "estado de ser"; percepção do sofrimento dos outros; sentimentalismo; nosso relacionamento com o sofrimento e com os outros; amando a imagem dos outros; amor real.

7. Libertar-se da miséria: moralidade, concentração e sabedoria 125

Tradições filosóficas – "Eu" e "meu" – O desejo de prazer – A causa da miséria – Moralidade, concentração e sabedoria – Disciplina e atenção – Eliminando pensamentos – Esperanças e medos – Conservando nossa energia – Libertar-se do desejo – Ficando atento à miséria – Irradiando compaixão, bondade amorosa e sabedoria.

Índice remissivo 139

Meditação Budista

Nota do editor

Samdhong Rinpoche dirige o Instituto Central de Estudos Superiores Tibetanos, em Varanasi. Desde a infância recebeu o rigoroso treinamento religioso e filosófico indicado aos Lamas encarnados no Tibete. Foi para a Índia na comitiva de Sua Santidade o Dalai Lama em 1959, quando os chineses ocuparam seu país.

Este pequeno livro é baseado em uma série de palestras concedidas a alunos na Escola da Sabedoria de Adyar em 1982. Não tardou a ficar óbvio para os presentes que o palestrante estava compartilhando suas profundas experiências pessoais de meditação sem querer de maneira alguma impor as próprias preferências e visões aos outros. Havia uma atmosfera de simplicidade, e de fato de contemplação, que talvez tenha feito mais para transmitir o espírito da meditação que as palavras por si só poderiam realizar.

A edição do material foi mínima, na esperança de que os leitores captem alguma coisa dessa mesma atmosfera e fiquem inspirados a ir mais fundo nesse assunto importante.

Desejamos expressar nosso agradecimento especial à senhorita Carin Citroen por sua paciência e cuidado na transcrição e na digitação das palestras.

Meditação: propósito, significado e preparativos

Não sou especialista em meditação budista. Se alguém não sabe cantar, como pode ensinar outras pessoas? Todavia, vamos tentar chegar a algum entendimento sobre o assunto. Vamos começar considerando duas questões básicas. O que é meditação? Por que meditamos? Um homem sensato assume uma atribuição somente depois de considerar adequadamente os meios e o resultado provável. Começar alguma coisa sem isso não parece sábio.

É verdade que as pessoas são bastante inteligentes sem meditação. A ciência desenvolveu-se além de nossas expectativas, sem meditação, o computador funciona muito mais depressa que o cérebro humano, que o construiu, sem meditação. Por que então deveríamos nos preocupar com isso? Nossos inúmeros nascimentos já condicionaram nossa mente intensamente, com certeza não precisamos de mais condicionamento nem mesmo por meio de meditação! Por que hoje em dia tanta gente está ansiosa para meditar? Em alguns lugares é mais difícil encontrar uma boa casa de chá do que um centro de meditação – ou um centro onde ela ao menos seja ensinada!

E qual é o resultado da meditação? As pessoas meditam por anos e, no entanto, parecem tão humanas e miseráveis quanto as que não o fazem. Não é meu propósito desencorajá-los da meditação, mas menciono isso a fim de atrair sua atenção para o fato, de modo que possam pensar a respeito. Pois, se vocês considerarem a meditação um exercício inútil, é melhor fazerem alguma outra coisa.

Minha primeira pergunta àqueles que querem meditar seria: por que você quer fazer isso? Considero essa pergunta muito importante, pois é a intenção que decide todo o valor da meditação. Se nossa motivação não é pura como deveria ser, é nosso dever nos corrigirmos por meio do pensamento correto. Algumas pessoas querem meditar porque têm uma mente perturbada e querem uma mente pacífica. Não sabem o que é uma mente pacífica ou a verdadeira natureza da paz. Querem um tipo de paz que seja repousante e possa produzir o mesmo efeito de um sono profundo; isso não tem conexão com sabedoria. Elas querem apenas ficar livres da agitação, ou do cansaço, ou da frustração. Para elas, seria melhor tomar algumas pílulas para dormir, pois não só funciona mais depressa como produz o efeito desejado sem qualquer esforço da parte de quem sofre. Outras pessoas pensam na meditação como uma espécie de terapia para curar doenças físicas e mentais e, embora isso possa acontecer ocasionalmente, essa não é sua função primordial. A medicina moderna, com seus remédios químicos e técnicas, tem eficácia muito maior nesse setor.

E tem aqueles que querem adquirir poderes mágicos ou algum tipo de poder especial que alimente seus egos já inflados. Querem algo invulgar, que as pessoas comuns não tenham – só para se exibir, de fato. Para essas pessoas a meditação será um fracasso completo, podendo até as desviar para atividades imorais.

Devemos, portanto, ser bastante cuidadosos e examinar os motivos pelos quais queremos meditar. E primeiro devemos saber o que é meditação. Pois nossas duas perguntas – Por que meditamos? O que é meditação? – estão intimamente inter-relacionadas.

Não sei a derivação da palavra "meditação" no inglês, mas na tradição sânscrita meditação tem dois aspectos, *dhāranā* e *bhāvanā*. *Dhāranā* significa concentrar e *bhāvanā* ponderar, pensar a respeito, investigar, analisar. Assim, a verdadeira meditação deve consistir dessas duas partes – unidirecionalidade da mente e poder de análise. As duas juntas formam a totalidade da meditação, que é *śamatha* e *vipassanā*. *Śamatha* é concentrar, e *vipassanā* é analisar. Análise com concentração total resulta em meditação. Agora, no que nos concentramos e o que analisamos? Em geral, no mundo externo não é preciso uma mente concentrada, ou plenitude mental, a fim de se analisar algo.

Os cientistas, sem meditar e dependendo apenas de instrumentos externos, têm analisado o mundo material com grande habilidade. Mas deixaram intocado o eu interior. A verdade do lado interno das coisas não pode ser explorada por métodos ou equipamentos científicos. A existência e a importância da dimensão espiritual estão adquirindo mais reconhecimento nos tempos atuais. Antigamente, quando a ciência estava se desenvolvendo, a maioria das pessoas pensava que coisas espirituais e sabedoria interna eram irrelevantes. Mas agora os próprios cientistas estão percebendo que ainda existe algo a ser descoberto e que talvez isso só possa ser feito por algum método que esteja além do materialismo. Meditação é concentração e reflexão, e estas devem ser voltadas para dentro, não para fora. Meditação é o instrumento de que precisamos a fim de ir para dentro de nós mesmos à procura do que, todavia, está além de nós.

Encontram-se métodos de meditação na maioria dos textos religiosos. Os budistas não possuem métodos especiais que possam ser descritos como puramente budistas. Mas têm vários *insights* que são especificamente próprios, como a natureza de *śamatha* ou tranquilidade da mente, e de *vipassanā* ou estado alerta da mente. Mas as técnicas derivam-se daquelas conhecidas nas escolas de filosofia hindu Sāmkhya, Vedānta e outras, e talvez de outras religiões que ensinam meditação.

Nossa mente, do jeito como é, não está realmente qualificada ou equipada para investigar as mais íntimas profundezas de nós mesmos. Recebemos diretrizes sobre como procurar coisas fora de nós mesmos, mas não nos é dada quase nenhuma orientação sobre como olhar para dentro. Temos que treinar esse olhar para dentro, e o único jeito de realizar isso é por meio da meditação. A fim de meditar, a mente deve ser canalizada, do contrário não terá o poder de se concentrar em um só objeto. Nesse caso, o que muitas vezes imaginamos que seja meditação não é meditação de jeito nenhum. Nossa mente indisciplinada é como a chama de uma vela tremeluzindo ao vento. Objetos distorcidos por tal luz parecem vibrar e não podem ser nitidamente distinguidos pelos olhos. Mesmo uns poucos momentos de meditação fazem perceber o quão rápido a mente se move de um objeto para outro e como é perturbada por muitas causas, como emoções e memórias. A mente assemelha-se a uma rua apinhada, onde carros, motocicletas, bicicletas e pessoas se deslocam. Quando estamos na multidão, temos consciência apenas da agitação e do rebuliço em redor, mas, se olhamos do último andar de um prédio alto, vemos o quanto a multidão é grande e quão numerosas são as pessoas. De modo similar, quando a mente está cheia de perturbação e obstruções, não notamos o quanto ela é inconstante. Quando começamos a meditar e somos capazes de nos separar, ficamos cientes do quão apinhada e inquieta é a mente. A mente do homem comum em geral é fragmentada e dividida, cheia de pensamentos e ilusões. Nessa situação, a concentração é absolutamente impossível. Assim, para olhar para dentro, de modo que venhamos a conhecer melhor o nosso eu interior, a mente deve ser treinada em concentração.

O primeiro passo na meditação, então, é treinar a mente para se concentrar em um ponto, um objeto, por um período definido de tempo. Isso é para superar a limitação de nossa mente atual, que não consegue se concentrar plenamente em um objeto nem permanecer concentrada sequer por um pequeno período. Por exemplo, enquanto conversamos, nossa mente deveria estar plenamente concentrada no tema em discussão. Porém, na realidade apenas uma parte dela está atenta ao que está sendo dito, pois ao mesmo tempo ouvimos o som de um pássaro lá fora e reparamos no movimento das pessoas ao redor. A mente, portanto, está fazendo várias coisas ao mesmo tempo, tais como escutar, ver e falar. Isso mostra com clareza que raras vezes a mente é capaz de se concentrar em um só ponto, embora às vezes isso aconteça. Por exemplo, enquanto olhamos uma imagem bonita ou um pôr do sol, pode acontecer de ficarmos tão absortos que deixamos de ouvir o que alguém nos fala. Esse tipo de concentração, entretanto, em geral dura apenas poucos segundos e então tudo nos vem novamente.

Assim, o primeiro passo na meditação é treinar a mente a se concentrar em um ponto, sem se distrair ou se perturbar. Mas logo haveremos de notar que, devido aos exercícios intensos e contínuos de concentração, ficamos inclinados a perder a capacidade de analisar e pensar. É muito importante não fazer isso porque, embora a concentração seja o primeiro passo na meditação, pensamento, ponderação e análise são o segundo passo. É com base nessas atividades vitais que se constrói a meditação, isto é, por meio da concentração unidirecional em um tema ou objeto e da retenção da capacidade de ver com clareza e ponderar sobre muitos aspectos durante a concentração. Se isso é entendido, entendemos o que os budistas querem dizer com meditação.

Vamos voltar agora ao motivo para se meditar. A meditação só será útil e valerá a pena se formos realmente sérios a respeito de nos encontrarmos ou, na terminologia budista, se estivermos "em busca da ausência do eu" ou "em busca do que é ilusório no interior". Se procuramos essa verdade a sério – não para a nossa satisfação, mas para ajudar outras pessoas que ainda não a encontraram –, então vale a pena estudar meditação e praticá-la. Porém, se nossa motivação não é pura, a meditação é apenas perda de tempo, pois não pode ser usada a serviço de nenhum objetivo mundano, tal como obtenção de prazer ou poder.

O mundo está cheio de desgraças. Ninguém pode negar. Nosso corpo está sujeito a deterioração, doença, dor e morte. E existem as misérias do mundo, como pobreza, desigualdade, ódio. Cada pessoa, seja famosa ou desconhecida, rica ou pobre, jovem ou velha, carrega seu fardo de miséria – seu corpo –, ao qual está ligada pelo carma. Uma pessoa sensata deveria não só admitir a imensa miséria do mundo, mas também investigar sua causa. De acordo com uma doutrina budista, a miséria é causada pelo carma, que é condicionado pelo prazer, produto de uma mente impura. A mente impura é criada pela ilusão do eu, *avidyā,* ou ignorância. A ilusão do eu só pode ser erradicada por *prajñā,* ou sabedoria, ou o entendimento alcançado por meio de *samādhi,* a mente concentrada. E a mente concentrada só pode ser alcançada se observamos *śīla,* o modo de vida moral ou justo. Por conseguinte, todo o ensinamento budista é resumido em *triśikshā,* as três doutrinas *śīla, samādhi* e *prajñā*. Com isso, fica claro que a meditação se torna indispensável para qualquer um que tente alcançar o entendimento correto da Verdade, a realização da Verdade, a realização da ausência do eu ou do eu como ele é. Assim, devemos meditar, a fim de desenvolver nossa mente e ter um *insight* sobre a natureza interna do homem. Devemos ter uma mente plenamente concentrada, que haveremos de obter por meio da meditação correta.

Tendo definido meditação e descoberto por que desejamos meditar, poderíamos olhar agora nossa preparação para meditar. A preparação é muito importante, não pode ser ignorada, tampouco negligenciada. A meditação budista tem três estágios. O primeiro estágio é o estudo – ouvir nossos instrutores e superiores, estudar livros e discutir nossas conclusões. Portanto, *śruti,* ouvir (entender pela audição), é o primeiro estágio. Este é seguido pelo segundo estágio, *vichāra,* que é ponderar, pensar a respeito do que se ouviu e de quaisquer explicações recebidas. Vocês têm então que considerar, cuidadosamente, se os métodos que estão prestes a usar são corretos e adequados à sua situação específica. Só então, quando sua mente está decidida e vocês definiram os métodos que vão usar, podem seguir para o terceiro estágio, *bhāvanā*, meditar.

Existem também certas condições absolutamente necessárias para um iniciante. Por exemplo, ele deve ter um local adequado para viver. Deve ser calmo e silencioso, um local onde ele possa sentar sem medo de intrusão, sem estresse ou inquietação mental, consciente ou inconsciente, pois medo de qualquer tipo põe fim à meditação. O local também deve ficar razoavelmente próximo de mercados ou lojas, de modo que ele possa obter alimento, roupas, medicamentos e outros itens necessários com facilidade. Nos estágios iniciais, um lugar isolado não é aconselhável. Ter que viajar quilômetros até um médico seria uma perda de tempo a que o meditador não pode se dar ao luxo, especialmente no início de sua atividade.

Nossa vida deve ser limpa em termos físicos e especialmente morais. Devemos nos contentar em viver uma vida simples, abrandando o desejo por luxo. Precisamos parar de pensar em obter mais engenhocas, novas e melhores, e outros bens, pois todos esses pensamentos perturbam e distraem a mente. Devemos aprender a ficar satisfeitos com o que temos, seja o alimento, as roupas ou o lugar onde vivemos. O meditador plenamente avançado pode fazer o que quiser, mas para o iniciante é melhor afastar-se de coisas externas por completo, tais como assistir televisão, ir ao cinema, ler jornais ou andar por ruas movimentadas.

A fim de refrear e silenciar a mente ainda mais, devemos prestar atenção à rotina diária. Isso significa levantar, comer, dormir, e assim por diante, seguindo um horário estrito. Também devemos comer alimentos simples com moderação, de preferência puramente vegetarianos. Enfim, é importante entender que viver uma vida limpa significa que o meio de vida de um aspirante a meditador jamais deve envolver ganhos imorais. Uma pessoa que fique confortavelmente instalada em um local por certo tempo e pratique essa rotina a sério há de verificar que seu corpo e sua mente se acalmam bastante.

Com base no que foi dito, vê-se por que um executivo muito ocupado – ou na verdade qualquer pessoa atarefada, que leva uma vida frenética, participando de reuniões públicas, correndo daqui para lá e trabalhando em todos os horários – não terá condições de se preparar para a meditação. A tranquilização necessária não ocorre por meio da meditação, mas pela vivência de uma rotina comum. Até mesmo técnicos e acadêmicos vão achar difícil começar a meditar, pois meditação e pesquisa não combinam bem no início, com certeza não nos três a seis primeiros meses. Entretanto, meditadores avançados que sejam técnicos ou acadêmicos não têm qualquer dificuldade em fazer seu trabalho e também meditar. Mas, para começar, é melhor largar todas essas várias atividades que não são úteis a quem quer praticar a concentração. Também é aconselhável para o iniciante possuir somente uns poucos livros, todos tratando apenas do tema da meditação. Além dos livros, é vantajoso ter um professor ou amigos apropriados, de modo que, caso surja alguma dúvida sobre os métodos em uso ou as formas pelas quais se está tentando melhorar a meditação, ele possa discuti-la com essas pessoas.

Quando concluídos todos esses preparativos, o aspirante deve revisar toda a sua vida. Deve examinar suas intenções outra vez, seu entendimento do que é meditação e de por que ele quer meditar, pois agora ele pode decidir abandonar o desejo de meditar ou dar início a períodos curtos de meditação. Também deve reexaminar seu ambiente e os preparativos que fez. Nunca é demais enfatizar que a meditação não é fácil e que muitas vezes pode se tornar perigosa, levando o meditador descuidado a uma vida anormal. Por isso, todas essas precauções devem ser tomadas por aqueles que desejam entrar em uma vida meditativa séria, que querem mesmo ter um modo de vida mais espiritual e buscar a Verdade.

Se uma pessoa não tem condições de empreender uma meditação prolongada e regular, deve optar por um curso limitado, pois isso também vai ajudar bastante. Pode entrar em retiro por uns poucos dias ou até vários meses. É importante decidir a duração exata de tal curso, para que não haja incerteza a respeito disso em sua mente. O currículo deve ser planejado de forma adequada, e o programa deve ser traçado de maneira que no final o participante tenha obtido alguma coisa, como um melhor entendimento sobre meditação.

Após ter participado de dois ou três cursos, o meditador talvez tenha condições de começar por si mesmo e empreender uma meditação mais longa sem o auxílio constante de um professor. Entretanto, deve ficar entendido que o principiante precisa de muita ajuda nos estágios iniciais de seu desenvolvimento, não obstante seus estudos ou instruções recebidas do professor, ou quanto ele possa estar confiante nos métodos que esteja usando. Portanto, é aconselhável que o aspirante discuta seu progresso com o professor ou com os aspirantes como ele, de tempos em tempos, pois um método errado de meditação adotado no princípio e praticado por um longo período pode mostrar-se prejudicial.

Perguntas e respostas

P: *O senhor falou sobre clareza e estado alerta da mente, e também sobre concentração e análise. A que o senhor se refere quando fala sobre análise como parte da meditação? Pergunto pelo fato de que o senhor começou dizendo que a mente é apinhada de muitos pensamentos e que a análise é uma atividade do pen-*

samento. Assim, o processo de análise não apinha a mente com mais pensamentos?

R: Essa é uma pergunta muito importante e foi discutida em detalhes nos *Śāstras* ou escrituras budistas. Os *āchāras* (técnicas) budistas podem ser divididos em duas partes. A primeira delas é *vipassanā*, pensar, analisar, e a segunda é *śamatha*, concentrar. Muitos *āchāryas* ou professores recomendam apenas *śamatha* para a meditação, e não se referem a *vipassanā*. Mas também há *āchāryas* muito conhecidos que defendem que os dois aspectos devem andar juntos na meditação. *Śamatha* é a tranquilização e a concentração da mente, enquanto *vipassanā*, ou análise, é um processo de pensamento. Na mente comum, esse processo não é concentrado, tampouco plenamente canalizado, ao passo que o processo de pensamento analítico durante a meditação é plenamente concentrado e canalizado. O pensamento não saltará de um objeto para outro enquanto estiver sob disciplina. Além do mais, o meditador escolhe apenas um único pensamento para análise, e nesse contexto análise significa a busca do eu para verificar se este é uma entidade ou uma projeção da mente, se sua natureza é a interdependência e a "invalidação da qualidade de ser". A menos que analisemos isso e ponderemos a respeito, não podemos encontrar a Verdade. No primeiro estágio, a realização da Verdade só pode ser alcançada por *anumāna*, inferência. *Anumāna*, claro, é pensamento, mas, quando se progride na meditação, *anumāna* ou inferência torna-se cada vez menos necessário. Assim, o papel desempenhado pelo pensamento no processo meditativo diminui gradativamente até desaparecer por completo quando se obtém *pratyaksha* ou realização direta. O processo de pensamento então é apinhado, mas sistemático e unidirecionado, pois existe um só tema a ser analisado. Dessa maneira, com plena concentração da mente, a análise será aguçada e poderosa. Assim, o processo de pensamento é usado para eliminar os processos de pensamento.

P: *E sobre o uso do* prāṇāyāma *na meditação?*
R: No budismo, *prāṇāyāma* é geralmente conhecido como concentração na respiração. Mas o *prāṇāyāma* descrito na ioga hindu e a tradição da respiração no budismo destinam-se a diferentes propósitos. Na meditação budista, apenas contamos a respiração à medida que o ar entra e sai pelas narinas e, ao mesmo tempo, nos concentramos na ponta do nariz. Respirar tem um efeito sobre o corpo físico, e isso por sua vez nos ajuda a controlar a mente. No budismo *Mahāyāna*, muitos iniciantes começam a meditação concentrando-se na respiração em vez de em um objeto externo, e

essa concentração na respiração purifica o corpo, bem como a mente.

P: *Qual é o papel dos mantras na meditação?*
R: Os mantras às vezes são muito úteis nos estágios superiores da meditação. No budismo, são usados apenas na tradição tântrica, não na meditação comum. A meditação normalmente começa com o treinamento da mente. A meditação tântrica, porém, começa com o desenvolvimento combinado de corpo, fala e mente, os três juntos. Nesse caso, os mantras (envolvendo a fala) são indispensáveis.

Escolas tibetanas de meditação, o Nobre Caminho Óctuplo e posturas

Existem várias dezenas de diferentes escolas de meditação no Tibete, cada uma com tradição e abordagem diferentes. Não é necessário discutir todas elas. Em vez disso, como o importante para nós é termos a mente livre, vamos considerar uma tradição apenas, ou seja, a escola *Vijñāna-vāda* do budismo *Mahāyāna*, fundada pelo professor Asanga. Esta e a escola *Mādhyamika* são as duas mais conhecidas escolas do budismo *Mahāyāna*. Juntas representam os dois aspectos do sutra da *prajña-pāramitā*. Asanga comentou principalmente sobre *mārga*, ou aspecto da meditação, enquanto o grande professor Nāgārjuna enfatizou *darśana*, ou o aspecto filosófico, em seus comentários.

A escola de meditação de Asanga era muito popular no Tibete e tinha muitos seguidores. Ela chegou até nós através de uma linhagem ininterrupta de gurus, enriquecida por ensinamentos orais, tratados inestimáveis e comentários de grandes homens como Āchārya Vasubandhu, Śāntarakshita, Kamalaśīla e Tson-kha-pa. É o método de meditação dado nos textos desses *āchāryas* que estudaremos.

Vamos prosseguir agora com o tema da preparação para a meditação. Visto que a preparação correta é a base da meditação, vamos estudá-la estágio por estágio.

Embora existam alguns outros sistemas menos exigentes, nessa tradição não há atalhos, abrandamento ou concessões no que tange à disciplina moral. Ela é muito estrita a respeito de disciplinas físicas e verbais e espera que o aluno seja realmente sério em sua abordagem de meditação, pois, até ele ter se disciplinado em termos de corpo e fala, não será capaz de disciplinar a mente. O método de disciplina adotado nessa escola cobre três estágios:

- *Kāya*, disciplina do corpo físico;
- *Vāk*, disciplina da fala;
- *Chitta*, disciplina da mente.

Portanto, a fim de disciplinar a mente, devemos começar disciplinando o corpo físico e depois a fala. Após esses dois terem sido plenamente controlados, verificamos que a mente pode ser facilmente disciplinada.

O modo de vida budista é baseado no Nobre Caminho Óctuplo. Esse caminho consiste nas disciplinas dos três estágios acima. Ação correta, intenção correta e meio de vida correto constituem a parte moral da vida ou *śīla*, ao passo que esforço correto e atenção mental correta são os componentes de *samādhi*. Uma perspectiva de vida correta resulta em *prajñā*. Ação correta, intenção correta e meio de vida correto devem ser observados no primeiro estágio de preparação para a meditação, *samādhi* e *prajñā*. Se a intenção estiver correta, todo o resto pode ser alcançado.

Qualquer coisa que comece com uma intenção errada estará errada, por melhor que a ação subsequente possa parecer. É semelhante também com a meditação: se a intenção for errada, impura e egoísta por natureza, embora possamos usar um bom método, tudo que vier vai apenas reforçar o eu, e o resultado não será correto. Uma boa intenção, portanto, deve ser estabelecida bem no princípio e devemos disciplinar o corpo, a fala e a mente. Assim, ação correta, fala correta e meio de vida correto devem ser praticados no segundo estágio de nossa preparação.

A maioria de nossas atividades está envolvida, de um jeito ou de outro, com nosso sustento, e por isso é necessário examinar nosso meio de vida com cuidado. Isso inclui todas as atividades em que nos envolvemos, tais como ganhar e gastar dinheiro, e até mesmo coisas simples, como cozinhar, comer e dormir, e a maneira como reagimos aos outros. Naturalmente estamos preocupados em como obter um sustento satisfatório, mas nossos esforços nesse sentido podem nos levar a atividades imorais. A maioria dos crimes de que ouvimos falar ou sobre os quais lemos nos jornais surge do desejo por dinheiro. Nas atuais condições da sociedade, às vezes é muito difícil seguir o meio de vida correto. Mesmo uma pessoa que seja normalmente honesta pode às vezes ser tentada pela desonestidade ou se envolver em negócios ilegais. Essas coisas acontecem. Mas, se nos olharmos de perto e com cuidado, descobriremos que nem sempre detectamos nossos erros ou transgressões, ou, se o fazemos, sempre há um motivo para nos desculparmos.

Examinar minuciosamente nossas ações de maneira honesta e sincera é um bom exercício. Olhar para nós, por exemplo, quando fazemos uma viagem de trem, quando recebemos nosso salário ou quando usamos privilégios especiais. Podemos dizer que somos completamente decentes e honestos? Podemos dizer que ganhamos nosso dinheiro com conduta absolutamente justa e pleno empenho no trabalho? Nosso meio de vida pode ser honesto e pode não haver desonestidade ou rendimentos ilegais. Porém, se olharmos nosso trabalho com cuidado, podemos ver uma série de ações ilegais envolvidas nele. Por exemplo, é esperado que trabalhemos por certo período de tempo todos os dias. Podemos de fato ficar no escritório aquele número todo de horas, mas, olhando detidamente o que acontece durante essas horas, podemos descobrir que uma boa quantidade de tempo não foi gasta no serviço específico que deveríamos fazer. Há ainda a questão do uso do material de escritório. Quantas vezes, talvez de modo inconsciente, pegamos papel, clipes ou envelopes do escritório para uso pessoal? De modo semelhante, como fica o uso do carro da empresa? Existem regras para o uso, mas muitas vezes verificamos que essas instruções nem sempre são seguidas e que o carro é requisitado para corridas que a rigor não deveriam ser feitas. De modo semelhante, o telefone do trabalho é para ser usado para assuntos do trabalho, mas de fato, às vezes, é usado para fins puramente pessoais. É com coisas como essas que nosso sustento fica um tanto maculado.

Outro exemplo pode ser encontrado no mercado, onde talvez sempre tentemos conseguir o melhor artigo pelo menor preço, enquanto o vendedor, por sua vez, tenta vender seus piores produtos pelo maior valor que conseguir. Para muitos, é quase impossível chegar ao padrão de perfeição exigido pelo meio de vida correto, mas devemos continuar tentando. *Samskāra* está sempre mudando e não há dúvida de que, se tentarmos com empenho suficiente, teremos condições de enfim atingir o padrão mais elevado.

A fala correta é tão difícil quanto o meio de vida correto; nossas palavras nem sempre se ajustam aos nossos pensamentos. A conversação tornou-se parte essencial de nossa sociedade. É muito difícil manter nossa fala limpa: constatamos que cerca de metade de nossa conversa usual surge da conformidade com os costumes sociais. Por esse motivo, antigamente os professores escolhiam o caminho do silêncio e mantinham um voto vitalício de não falar, pois percebiam quanta impureza pode estar envolvida na fala. Existem muitas ocasiões em que nossa sociedade educada e civilizada consideraria a maior indelicadeza se falássemos a verdade, então temos que dar uma torcidinha em nossa fala. Às vezes, quando essa torção é feita com boa intenção, pode não ser muito ruim, mas com frequência falta a boa intenção. Por exemplo, vamos pegar uma pessoa que costuma levantar tarde. Um dia ela é perturbada por alguém que vem vê-la pela manhã. Aquilo a irrita, todavia a pessoa levanta e recebe o visitante com um sorriso no rosto dizendo: "Estou muito feliz em vê-lo". Dizer o que realmente sentia seria considerado a maior indelicadeza, mas, ao mesmo tempo, o que ela disse foi completamente falso. De maneira parecida, de acordo com nosso costume, temos que seguir de manhã à noite com uma conversa artificial e formal – quer estejamos na rua, no mercado, no ônibus ou participando de uma reunião –, a fim de sermos considerados pessoas civilizadas e de boas maneiras. Por esse motivo os antigos *āchāryas* diziam que a única pessoa que fala a verdade é o louco, pois ele sempre diz qualquer coisa que pensa!

    A seguir vem a pureza da ação correta. Com frequência agimos e reagimos de modo totalmente automático e involuntário. Nossos pensamentos são tão condicionados, nossa fala é tão agitada pelas reações instantâneas de nossa mente, que muito de nossa ação é uma expressão involuntária da condição mental. Por exemplo, quantas ações executamos de forma impensada e sem atenção? E, ainda que dediquemos alguma consideração e pensamento às ações, com frequência elas permanecem erradas. Portanto, obter o controle pela purificação do corpo, da fala e da ação é um pré-requisito absoluto para que se possa começar a disciplinar e controlar a mente; do contrário, as dificuldades que se encara são tão numerosas e variadas, que seria impossível lidar com elas de uma vez só.

Se uma pessoa tem êxito em disciplinar suas ações e sua fala e em adotar o meio de vida correto, torna-se um ser bastante espiritual sem o uso da meditação. A meditação realmente não é necessária quando se consegue manter essa disciplina de modo estrito: esse estilo de vida eleva tanto a pessoa, que vale muito a pena atingir tal padrão, se não nessa vida, quem sabe na próxima. Para nós, a melhor coisa é seguir tentando, mesmo que fracassemos aqui e ali. Se caímos, devemos nos levantar e ir em frente, almejando o mesmo objetivo.

Meio de vida correto, fala correta, ação correta e, antes de tudo, intenção correta são as quatro disciplinas que temos que implementar, a fim de preparar o terreno para a meditação, ao passo que disciplina de corpo e fala são especificamente requeridas, a fim de disciplinar a mente. Além de tudo isso, silêncio e proximidade com a natureza são muito úteis, não só para meditar, mas também para nos preparar, de modo geral. Se vivemos em um lugar calmo, será muito mais fácil praticar a ação correta, o meio de vida correto, a fala correta e a intenção correta. Ruídos criam o pior tipo de perturbação para a mente. Música espiritual (*bhajans*) e preces podem ser usadas tanto no início da prática, a fim de estabelecer uma atmosfera religiosa, quanto no fim, mas o iniciante é aconselhado a não usar nenhuma dessas práticas durante a meditação, pois elas não ajudam na concentração. Em um estágio posterior, entretanto, a concentração no som e na escuta também se torna uma parte da meditação, mas não é fácil.

O passo seguinte na meditação é a prática de *āsanas* ou posturas exteriores. Todo mundo conhece isso, porque é algo comum a todos os sistemas de meditação. As disciplinas de mente e corpo são muito inter-relacionadas, pois a mente opera por meio do corpo e do cérebro. No *Vajrāyana*, começam pelo controle do corpo físico e, assim, controlam a mente e acalmam seus movimentos. Entretanto, é um sistema altamente intrincado e secreto, e só umas poucas pessoas selecionadas têm condições de segui-lo. O corpo é o veículo da mente. Se comparamos o corpo a um carro, podemos ver a relação claramente. Se o carro para (se o corpo é controlado), o motorista (a mente) também para automaticamente. Portanto, assim como a disciplina da mente, o uso de uma boa postura também é de grande importância. As posturas ou *āsanas* geralmente aconselhados para a meditação podem não ser adequados para todos, e cada pessoa tem que descobrir por si qual postura sentada lhe é mais adequada. Entretanto, existem alguns princípios básicos a serem seguidos. Primeiro, durante a meditação, quer sentemos no chão ou em uma cadeira, quer fiquemos em pé, parados, ou caminhemos, nossa coluna deve ser mantida totalmente ereta. Devemos observá-la com cuidado, porque muitos têm o costume de se inclinar um pouquinho quando sentados ou em pé. Algumas pessoas podem não ter condições físicas de manter a coluna ereta, e estas terão que superar algumas dificuldades, de início, mas tenho certeza de que, se praticarem regularmente, serão capazes de se sentar eretas. Também é essencial que nossa respiração seja normal, o que significa que nosso corpo deve estar relaxado.

    Jamais devemos começar a meditar quando estamos tensos ou cansados. Pessoas que chegam a um estágio mais elevado na meditação conseguem meditar enquanto correm, dirigem, nadam – de fato, meditam em qualquer circunstância. Mas, no começo, devemos nos ater estritamente às condições estabelecidas, a fim de facilitar a prática. A postura mais comum é aquela em que nos sentamos no chão, sobre um colchão ou almofada ligeiramente mais alta atrás do que na frente. Podemos fazer isso dobrando um cobertor de maneira levemente inclinada. A inclinação ajuda a mantermos as costas eretas e é mais confortável para quem deseja sentar-se por um período longo. Entretanto, muitas pessoas estão acostumadas a sentar-se em cadeiras, e para elas pode ser impróprio se sentar no chão com as pernas cruzadas. Tudo bem, isso não é um método novo; na antiguidade também havia quem se sentasse em cadeiras para meditar. A cadeira não deve ser tão fofa que nos afundemos nela. Deve ter um assento firme, no qual possamos nos sentar com as costas eretas e os pés repousando confortavelmente no chão. Se desejarmos, também podemos meditar caminhando lentamente, concentrados em nossos passos.

Em todo caso, a condição que prevalece em todas essas posturas é manter a coluna ereta. A postura que as pessoas com frequência acham muito difícil de dominar é o Āsana Vajra-paryānga. É a postura do Buda, na qual as pernas ficam cruzadas de modo que os pés repousem sobre a porção mais alta das coxas, com as solas viradas para cima, tendo a perna direita para fora. É inútil se tensionar para forçar as pernas nessa posição. O motivo para sentar-se com as pernas cruzadas é possibilitar a meditação por um período prolongado, mas, se você tem que se esforçar, sentirá dor dentro de cinco ou seis minutos. Assim, não se preocupe em adotar uma posição específica. Se quiser se sentar no chão de pernas cruzadas, faça isso de forma fácil e normal para você. As solas dos pés não precisam ficar viradas para cima, se você não consegue, mas a coluna deve estar ereta, a cabeça levemente inclinada à frente, e as mãos devem repousar confortavelmente nos joelhos ou no colo.

Também existem várias posições recomendadas para as mãos. Uma que usamos bastante no Tibete é colocar a mão esquerda no colo e a mão direita por cima. As palmas de ambas as mãos devem estar viradas para cima, com as pontas dos polegares se tocando. Outra posição consiste em colocar a mão esquerda no colo com a palma para cima e repousar a mão direita sobre ela, com a palma virada para baixo. Essa é a postura da humildade. Outra, ainda, é repousar as mãos sobre os joelhos, mão esquerda no joelho esquerdo, mão direita no joelho direito, e deixar as pontas dos dedos tocarem o solo. Ou as mãos ficam no colo, com os polegares pressionando os dedos. Mas essa posição não é confortável e não deve ser usada quando se deseja meditar por um período mais longo. A próxima posição das mãos é um auxílio para quem deseja endireitar a coluna lentamente; portanto, não é uma postura, mas uma ajuda. Flexione os polegares dentro das mãos e então pressione a virilha com as mãos.

Antigamente, os alunos não começavam a meditar de imediato, mas primeiro praticavam todas as diferentes posturas durante várias semanas, para descobrir qual era a adequada para eles. Assim, em primeiro lugar descubra aquela postura – sentada, em pé ou andando – mais adequada para uma meditação confortável. De modo semelhante, algumas posturas de mão podem convir mais que outras a certos meditadores; algumas podem ser mais úteis para uma pessoa sentada em uma cadeira, enquanto outras são mais adequadas a quem senta no chão.

O próximo ponto importante a ser discutido são os olhos. No sistema de meditação budista jamais se recomenda fechar os olhos durante a meditação. No início, muita gente pode achar que deve manter os olhos fechados, mas fechar os olhos ou ouvidos não ajuda a pessoa a se concentrar melhor. Se os olhos entreabertos nos impedem a concentração, podemos escurecer a sala, mas os olhos não devem ser fechados. Eles devem olhar para baixo de modo que a extremidade do nariz esteja à vista. Mas não olhe fixo para o seu nariz, porque não faz bem e causará dor nos olhos. Você deve olhar para baixo sem fazer esforço, de tal maneira que a ponta do nariz seja vagamente visível. A seguir, deve-se reparar na boca e nos dentes. Os dentes não devem ficar cerrados nem a boca deve ficar aberta. Mantenha os músculos em um estado relaxado e natural do começo ao fim e fique confortável na postura de meditação que escolheu. Se fizer isso, sua respiração será normal e calma, e isso é importante. Se não estiver assim, você deve esperar até estar, antes de começar a concentração. Então, depois de se sentar calmamente na postura de meditação por um ou dois minutos, comece a se concentrar na respiração, contando a inspiração e a expiração pelo menos por 21 vezes. Esse exercício colocará todo o seu sistema corporal em ordem. Mais adiante você pode começar a se concentrar no objeto de sua escolha.

A respiração deve ser sempre pelo nariz. Expire lentamente, inspire lentamente, e não prenda a respiração além do que normalmente costuma fazer. Conte mentalmente: "Estou expirando... e estou inspirando... uma vez; estou expirando... estou inspirando... duas vezes"; e assim por diante. Esse exercício não é concentração de verdade, e sim um acompanhamento preciso do seu padrão respiratório. Mas vai liberá-lo do contato com o mundo exterior; quer dizer, você esquecerá outras coisas que tinha em mente porque seu pensamento agora estará todo na contagem da respiração. Dessa maneira, você pode limpar o caminho, ou abrir uma trilha para a mente que a leve à concentração. Você pode, se achar proveitoso, contar a respiração 100 vezes ou 400 vezes. Em todo caso, esse exercício lhe dará alívio imediato da tensão mental e física e, por conseguinte, acalmará sua mente e seu corpo. Hoje em dia, esse exercício específico é usado por muitas pessoas unicamente com o objetivo de relaxamento. Elas se deitam ou se sentam em uma cadeira e observam a respiração até ela adquirir, ou readquirir, o padrão normal; então começam a contar, o que as revigora. Para o principiante, é necessário fazer esse exercício antes de começar a concentração.

Tocamos apenas em algumas das condições prescritas, os passos preliminares que levam à meditação. Devo enfatizar mais uma vez a importância de viver uma vida benevolente – com ou sem meditação –, mantendo sempre a intenção pura, a fala, a ação e o meio de vida limpos. Qualquer um que atinja esse nível de vida é um homem nobre, quer medite ou não. Na base de tudo jaz sempre a nossa intenção. Se conseguíssemos nos examinar constantemente a cada passo que damos, por certo verificaríamos um grande desenvolvimento em nossa vida depois de cerca de um mês.

Muitos pensam que tudo isso é só teoria porque, dizem, a situação do mundo é tal que não teríamos condições de sobreviver se fôssemos 100% honestos. Pessoalmente, não concordo com essa afirmação, mas vocês terão que descobrir por si mesmos se é verdade ou não, e vocês só podem fazer isso se tentarem viver a vida a sério.

Se levarmos uma vida limpa e mantivermos esse estilo de vida ao longo de determinado período, vamos verificar que nosso ambiente e circunstâncias se renderão a nós e que aqueles elementos que, originalmente, talvez fossem de uma natureza contrária vão mudar e se harmonizar com nosso modo de viver. Se tivermos a disposição para tentar, valerá a pena levar esse experimento a cabo pelo menos uma ou duas vezes na vida, e haveremos de verificar que, de algum modo, recebemos estímulo para continuar. Dessa maneira, à medida que nos tornarmos mais puros, haveremos de melhorar nossa vida pouco a pouco, de modo que ela fique mais fácil, e haveremos de encontrar menos conflitos e contradições obstruindo nosso caminho. Isso fortalecerá a mente e dará mais estabilidade a ela.

Essas práticas não são meras teorias; devem integrar nossa vida cotidiana. Além disso, de que serve a meditação se não nos interessamos por praticar os passos preliminares? A meditação por si só não pode nos transformar de repente. Temos que estabelecer uma tarefa e nos dedicarmos a ela, avançando passo a passo. Se queremos viajar, dependemos de um veículo, mas ao chegarmos não permanecemos nele. O veículo tinha apenas uso temporário e cumpria um propósito. Deixamos tal veículo e vamos em frente. De modo semelhante, todos que aspiram meditar dependem de muitas regras, exercícios e condições prescritos, testados desde a antiguidade e que se mostraram absolutamente necessários como preliminares para a meditação. O iniciante deve ater-se a eles estritamente, mas mais adiante pode deixá-los para trás. E talvez seja bom lembrar que homens sábios disseram que passar uma vida inteira apenas na preparação é muito válido.

Perguntas e respostas

P: No início, o senhor mencionou o aspecto mārga e o aspecto darśana do sutra da prajña-pāramitā. O aspecto mārga foi comentado por Asanga e parece um método de meditação. O aspecto darśana, o senhor disse, foi comentado por Nāgārjuna. O aspecto darśana também é um método de meditação?

R: Darśana significa filosofia. A tradição budista consiste de duas partes: uma parte é a meditação e a outra é a filosofia. A parte filosófica foi exposta por Nāgārjuna, e a parte da meditação por Asanga, considerado especialista nesse campo específico.

P: O senhor disse que os olhos não devem ser fechados durante a meditação; eu, pessoalmente, acho mais confortável fechá-los.

R: Se você acha desconfortável ou quem sabe impossível meditar de olhos abertos, no começo você pode escurecer a sala para evitar fechar os olhos, pois fechar os olhos durante a meditação não é recomendado.

P: Manter os olhos abertos é prescrito para evitar que se caia no sono?

R: Esse pode, é claro, ser um motivo. Mas o princípio por trás dessa regra é que meditar com os olhos fechados (o que pode ser mais fácil para o principiante) perturba o meditador quando ele atinge um estágio mais avançado.

P: Deve-se manter os olhos completamente abertos ou entreabertos?

R: Olha-se apenas para o chão bem à frente. Você pode chamar isso de manter os olhos entreabertos. Não olhe ao longe enquanto estiver meditando.

P: Quando se mantêm os olhos abertos, eles ficam focados?

R: Não, não faça foco com os olhos, pois isso vai tensioná-los e cansá-los. Apenas mantenha os olhos entreabertos, sem tentar olhar, e direcione-os para o chão à frente.

P: *O senhor diria que manter os olhos abertos ou fechados produz um efeito diferente na mente?*

R: Sim. Conforme mencionei antes, se você começa a meditar com os olhos fechados, fecha-se para ver as coisas e, por conseguinte, será menos difícil atingir a concentração. Mas, então, se por algum motivo seus olhos se abrirem durante a meditação, você ficará perturbado. Por isso é recomendado aos meditadores manter os órgãos dos sentidos despertos e abertos.

P: *O senhor disse que, se a pureza de alguém aumenta, o ambiente cederá à pessoa. Poderia dar mais detalhes?*

R: Você vai verificar que quase sempre existe uma luta entre o indivíduo e seu ambiente. Se o ambiente afeta ou influencia uma pessoa, essa pessoa é fraca. Uma pessoa capaz de criar seu ambiente é forte. Grandes pessoas que vivem em um ambiente ruim com frequência elevam o ambiente por sua simples presença e o tornam um lugar bom. Nesse caso, o ambiente rende-se porque a pureza irradiada da pessoa influencia o ambiente e este é elevado pelas vibrações. Se alguém é puro o bastante, tenho certeza de que pode lidar com o problema de seu ambiente; do contrário, será difícil.

P: *Entendo tudo o que o senhor disse, e é óbvio que é preciso chegar a um alto padrão de pureza. Mas o que* é puro e o que é impuro? Parece não haver regras rigorosas. É difícil decidir qual seria a ação pura e correta a tomar em um momento específico.

R: Sim, isso pode ser um problema. De acordo com os ensinamentos budistas, avalia-se uma ação como pura ou impura, certa ou errada, por sua violência ou não violência. Qualquer ação que cause dano ou violência direta ou indireta a qualquer ser senciente deve ser considerada impura. Uma ação que não causa dano a nenhum ser senciente é considerada uma ação normal. Uma ação que é útil ou benéfica, direta ou indiretamente, é considerada pura e correta.

P: Devo falar a verdade a uma pessoa quando sei que isso vai feri-la? Isso não seria um ato de violência?

R: Em geral é difícil julgar. Se ao ferir alguém você indiretamente está ajudando, então deve ferir. Mas, se não for ajudar, você deve evitar. Cada caso tem que ser julgado por seu mérito; se sua intenção for correta e pura, seu julgamento será correto, assim como sua fala. Ocasionalmente, pode acontecer de o ato de não falar a verdade ajudar uma pessoa. Isso também é muito certo, e é a coisa apropriada a fazer. Veja o exemplo de uma pessoa perseguida por outra, que pretende matá-la. Você pode estar ali e ver o fugitivo desaparecer dentro de certa casa. O perseguidor, que perdeu o rastro da vítima, vem lhe perguntar se você a viu e, caso tenha visto, para onde foi. Você diria a verdade ao matador? É uma questão de critério. Se a intenção de alguém é pura e altruísta, a sabedoria será alcançada mais cedo ou mais tarde.

Objeto e métodos de concentração

Vamos tratar agora do objeto e dos métodos de concentração. A mente de um iniciante é tão condicionada, que ele não consegue focá-la por inteiro sem o auxílio de um objeto no qual se concentrar; ele precisa de um método, ou de um professor.

O objeto de concentração a ser escolhido nesse sistema de meditação – que é a obtenção de *śamatha* e *vipassanā* – vai variar de pessoa para pessoa. Cada uma terá que escolher um objeto para si, de acordo com sua preferência e conforme lhe for mais conveniente. Naturalmente, todas essas instruções e diretrizes são apenas para aqueles estudantes sérios, que querem meditar até a verdadeira *śamatha* ser atingida. Para meditadores ocasionais, que querem apenas fazer um curso de duas semanas ou coisa assim, a decisão sobre o objeto adequado pode ser rapidamente tomada. Mas quem deseja atingir concentração plena deve tomar grande cuidado na escolha de um objeto, pois uma decisão errada pode fazer toda a meditação dar errado.

Em termos gerais, os objetos a escolher enquadram-se em dois grupos. O primeiro consiste de objetos ou pontos de concentração que afetam a natureza do corpo interno, ao passo que os objetos do segundo grupo afetam o corpo externo. A concentração na respiração e no movimento da respiração, e a concentração na mente em si pertencem ao grupo do corpo interno. Uma pessoa avançada nesse caminho poderia, já de saída, começar a meditar sobre a mente em si. Isso também lhe seria de grande benefício mais adiante, pois cedo ou tarde todos nós temos que meditar sobre a natureza da mente. Essa meditação será nossa meta mais elevada. Para iniciantes, porém, esse tipo de concentração é difícil, pois fazer uma imagem ou quadro mental é praticamente impossível. É por esse motivo que foram dadas outras sugestões no que se refere à escolha de um objeto de concentração. Concentrar-se no movimento da respiração é uma boa alternativa para algumas pessoas. A respiração está intimamente ligada ao bem-estar do corpo e, caso escolhida como objeto de concentração, prende a atenção da mente com bastante facilidade. Mas também possui um aspecto difícil, porque está em movimento constante. Entretanto, deixe que a mente se mova junto. Em outras palavras, sincronize o movimento da mente com o movimento da respiração, e você vai descobrir que a natureza desse movimento vai estabilizar a mente.

Existem aqueles que gostam de focar a atenção no sobe e desce do peito à medida que inspiram e expiram. Existem outras maneiras de se concentrar na respiração, mas não precisamos entrar em detalhes agora.

Os outros objetos relacionados aos fenômenos externos ao corpo também podem ser divididos em duas categorias: o grupo relacionado ao som e o grupo relacionado às formas. No primeiro, o meditador concentra-se, por exemplo, no som de um *akshara* ou sílaba específica, tal como o som do *A* ou *Aum*, e faz uma imagem mental desse som. Ele não ouve o som, mas concentra-se nele. No segundo, faz uma imagem mental de, por exemplo, uma deidade, ou talvez apenas de um *bindu* ou ponto (como um ponto de luz) que não seja brilhante demais nem opaco demais. Não é necessário que o meditador tenha uma imagem de sua deidade como ponto de concentração, mas algumas pessoas gostam disso. Os budistas geralmente recomendam uma imagem do Buda para os iniciantes, pois não apenas serve de objeto de concentração, mas, ao mesmo tempo, faz recordar a natureza de Buda. Na verdade, qualquer tipo de imagem pode ser usada como objeto de concentração, mas, uma vez feita a escolha, deve-se perseverar e não trocar até *śamatha* ser atingida, por mais que isso demore.

Em todos os casos, o objeto de meditação deve ser escolhido com cuidado. Por exemplo, uma pessoa que é muito influenciada por seu *rāga*, ou apegos, deve escolher um objeto desagradável pelo qual não fique propenso a desenvolver paixão ou apego; uma pessoa que se enraivece com facilidade deve fazer uma imagem mental das belezas pacificadoras da natureza e nela se concentrar; uma pessoa que sofre pelo movimento rápido e constante dos pensamentos deve escolher um objeto que não desperte muitos pensamentos. Outro método para encontrar o objeto certo é guiar-se por preferências naturais. Por exemplo, algumas pessoas são mais apegadas a objetos brilhantes, enquanto outras podem preferir os escuros. As tendências e a natureza de cada pessoa devem determinar a escolha.

O objeto, em todo caso, tem alguma relação psicológica com quem se concentra nele e provoca algum efeito sobre a pessoa. Por isso os instrutores nunca prescrevem o objeto de concentração nem são rígidos sobre o tipo de objeto. Segundo uma história que se conta, existiu, há muito tempo, uma pessoa que não conseguia se concentrar em nenhum objeto por mais que tentasse. Um dia seu professor perguntou: "O que você fazia quando era jovem?". O homem respondeu que era vaqueiro e cuidava de grandes búfalos. "Muito bem", disse o professor, "por que não se concentra nisso? Por que não se concentra na cabeça de um grande búfalo?". Conforme a história, o homem seguiu a sugestão do professor e atingiu *śamatha*.

O objeto, portanto, pode ser uma parte do corpo ou um elemento que não pertença ao físico da pessoa. Seja o que for, seu verdadeiro valor reside na imagem mental projetada. Por exemplo, se uma pessoa escolhe uma imagem do Buda como objeto, não é na imagem externa em si que ela vai meditar. Ela pode olhar o objeto de antemão ou quando começa a concentração, mas o real objeto em que vai meditar é a imagem em sua mente. O pensamento ou memória de uma imagem não é um objeto. Todavia, se conseguimos produzir uma visão bem definida de uma imagem externa em nossa mente (seja uma imagem do Senhor Buda, de uma deidade, de uma sílaba ou de um ponto de luz), esse é o verdadeiro objeto de meditação. Os *Śāstras* também mencionam que apenas o *pratibimba* em nosso *citta* – a imagem do objeto dentro de nossa mente, não vista pelos olhos ou ouvida pelos ouvidos – é para ser reconhecido como o verdadeiro objeto.

A escolha de um objeto é tão individual, que ninguém, nem mesmo um instrutor, pode dar conselhos. Porém, pela prática experimental de um objeto diferente a cada dia, podemos eliminar aqueles que não são adequados ao nosso propósito e, enfim, escolher aquele em que teremos condições de meditar por um período predeterminado de tempo.

Quando você tiver escolhido entre os objetos aquele que julgar adequado aos seus propósitos, tome-o e o experimente de novo, concentrando-se nele para ver se consegue lembrar-se de tudo em sua mente. Se a mente fica dispersa ou sonolenta, o objeto não é adequado. Mas, se você sente que toda sua força mental está alerta e ativa quando pensa no objeto e o recorda, então ele é bom para você.

Você deve então decidir o tamanho e a cor do objeto. Algumas pessoas preferem um objeto pequeno, e outras um grande. Você de novo deve experimentar e fazer os ajustes necessários. O conselho habitual dado ao iniciante é que o tamanho do objeto de concentração não deve ser maior que seu corpo. Se, por exemplo, ele quer se concentrar em uma árvore, deve reduzir o tamanho dela para as medidas de seu corpo. O objeto também não deve ser menor do que algo que possa ser facilmente visto a olho nu.

    O próximo aspecto a ser levado em consideração é a cor do objeto. Preto não é considerado bom, mas qualquer outra cor é adequada. Ela deve ser escolhida de acordo com o gosto pessoal e, mais uma vez, deve-se experimentar várias opções antes de fazer a escolha definitiva. Caso se escolha concentrar-se em um som, este deve ser escolhido da mesma maneira que as formas. A escolha final de todas essas coisas cabe ao indivíduo. Tendo definido o objeto, a próxima decisão a ser tomada é onde ele será colocado e a que altura, pois isso também é importante em nosso esforço para atingir a concentração. Para algumas pessoas é útil colocar o objeto embaixo – às vezes abaixo delas –, enquanto outras gostam de colocá-lo no alto. Em geral aconselha-se a colocar o objeto de maneira que se possa olhar para ele sem levantar ou baixar a cabeça.

    Em seguida vem a questão de como fazer a imagem do objeto. Suponha que você deseje fazer a imagem de uma figura do Buda. Nesse caso, deve ter uma imagem por perto e, antes de começar a meditar, dar uma boa olhada nela. A seguir, feche os olhos e tente recordar como é a imagem. Depois de um tempo, abra os olhos e olhe a imagem de novo; então, feche os olhos e tente recordar mais uma vez.

Continue repetindo esse processo até ter em sua mente uma imagem clara da figura. Quando isso for atingido, você deve parar de olhar o objeto externo. No sistema específico de meditação que estou discutindo, o objeto não deve ficar perto do meditador, uma vez que ele seja capaz de retratá-lo com clareza na mente.

A partir desse momento, começam nossos exercícios de concentração. Devemos então considerar como focar nossa mente e como nos concentrarmos, e também como abrir e direcionar nossa atenção plena para o objeto. Concentração em um objeto de meditação não é pensamento no sentido comum da palavra, tampouco é percepção. É contato direto, é focar a atenção total no objeto. É muito difícil para um iniciante obter uma mente indivisa, pois ele ainda não tem condições de distinguir entre pensamento e atenção meditativa. A atenção meditativa com frequência vem sob o manto do pensamento, de modo que às vezes precisamos do pensamento para dar a partida. Tudo até o momento da escolha do objeto é um processo de pensamento, mas a atenção meditativa direcionada ao objeto significa muito mais que apenas pensar nele.

Vamos agora examinar o processo de concentração outra vez, passo a passo. Você olha um objeto externo e retém a lembrança dele em sua mente. Então tenta incorporar o arquivo da memória em uma imagem mental nítida. Até esse estágio você usou apenas o pensamento. Mas agora ocorre uma mudança: você deixa o pensamento e a imagem repousa no campo da atenção indivisa de sua mente.

O pensamento é um processo em movimento, não consegue permanecer focado em um objeto por muito tempo. É por esse motivo que o pensamento distorce a imagem e, sendo assim, quaisquer que sejam seus pensamentos e imagens mentais, são sempre diferentes do que a coisa realmente é. O pensamento representa apenas a sua interpretação de um objeto ou do que quer que você veja. Por exemplo, ao pensar em certa pessoa, seu pensamento nunca toca nela, pois a pessoa real não está no processo de pensamento. De momento, nada podemos fazer a respeito dessa confusão, pois estamos sob o encanto desse tipo de atividade mental imaginativa. Se excluíssemos todos os pensamentos de modo a não pensar de maneira alguma, não perceberíamos o mundo à nossa volta adequadamente. Além disso, o conjunto de nossa personalidade se despedaçaria e não teríamos condições de operar de forma apropriada. Sem o processo de pensamento, todas as nossas atividades seriam paralisadas, pois nossas ações são influenciadas e dirigidas por palavras e pensamentos.

Damos nomes a tudo que chega ao nosso conhecimento ou visão. Essa designação ou descrição de eventos e experiências é um meio útil para classificar e organizar o que registramos com nossos sentidos dentro da estrutura limitada do nosso entendimento. É por isso que a designação se torna tão importante para nós. Isso significa que, na verdade, não conseguimos perceber nada *como é*, pois uma mente que opera dentro de tal limitação não está aberta. Portanto, não existe uma comunicação real, mas apenas uma conexão relativa entre *o que é* e o depósito de memórias, palavras e classificações dentro de nossa mente. Toda nossa personalidade está submersa nessa atividade da mente, de modo que flutuamos impotentes em um mar de imaginação e ilusão.

Os budistas falam de um sistema dualista, de verdade relativa e verdade absoluta. Como acabamos de ver, vivemos, agimos e nos comportamos em um reino de relatividade. Não é a verdade absoluta, ou verdade perfeita, mas é a verdade para nós. Por exemplo, se alguém golpeia minha cabeça com uma vara, não posso dizer que isso é irreal porque o bambu de fato me atinge e sinto dor. É um tipo de realidade, e ninguém pode negá-la; é um nível da verdade – uma verdade superficial ou relativa. A questão é: onde, em que reino isso é considerado verdade? A resposta é: dentro do reino de nosso processo de pensamento. Para nosso processo de pensamento deludido e diluído, a miséria em que vivemos é a verdade.

O outro nível é a verdade absoluta, além da qual nada existe. É a Unicidade, a Talidade.

No momento estamos situados entre os dois níveis. Toda nossa vida é condicionada pelo reino da verdade relativa, ao passo que no estado Absoluto, Último, tudo é não condicionado. A transformação da verdade relativa em absoluta não pode ser um processo planejado. Mas as pessoas são tão dependentes de horários que os processos programados são considerados indispensáveis.

No atual estágio nossa mente é muito condicionada. Portanto, quando tentamos colocar sua força individual – a totalidade da atenção – em nossa imagem mental, com frequência acontece de distorcermos a imagem com nossos pensamentos ou distorcermos a força mental com nossos processos de pensamento. Tudo isso se deve à condição dispersa de nossa mente. Leva tempo para distinguir entre atenção meditativa e pensamento comum. Este último pode ser usado ao se pensar detidamente em uma imagem que foi colocada diante de nós. Esse é um processo de pensamento normal. Mas colocar a atenção na imagem projetada na mente faz parte da meditação.

As qualidades que a mente deve ter sempre foram consideradas uma questão importante, e é aqui que muita gente comete erros. Muitos pseudomeditadores, pela falta dessas qualidades, perdem tempo e, ao seguir na direção errada com sua meditação, não conseguem nada. É por isso que muitos antigos *āchāryas* negaram a importância da meditação, pois, segundo eles, a negação da meditação é meditação, e sua aceitação é delusão. Esse é um ponto muito sutil. Entretanto, outros *āchāryas* estabeleceram diretrizes para a meditação, como a de que a mente deve ficar livre, atenta e focada em um ponto sem distorção ou perturbação.

Quando tentamos gerar isso, descobrimos o quanto a mente é maliciosa, o quanto é dispersiva e o quanto é incapaz de se entregar na totalidade. Ela é tão ativa que quer fazer uma centena de coisas ao mesmo tempo; sua energia ou força é tão dividida que nada é visto como é na realidade. De fato, a mente se movimenta tão constante e rapidamente que tudo percebido por ela é uma delusão. Não conseguimos ver nada com clareza ou perceber uma única coisa que não seja distorcida. É como se sentar em um carro ou trem veloz. Não temos condições de ver nada do lado de fora com clareza, e parece que as árvores e postes de luz passam como um raio por nós. Todavia, é claro que sabemos que isso é uma ilusão; não são os objetos que passam como um raio, somos nós que estamos nos deslocando muito rápido.

Fracassamos em perceber a natureza de Talidade das coisas por causa do estado instável de nossa mente. Primeiro a mente deve ser pacificada, e para fazer isso meditamos. Ao meditar em um objeto, retiramos a mente do movimento constante para a estabilidade. Claro que a estabilidade mental também é um estado, mas temos que adotar esse estado por enquanto. Um *āchārya* explicou o assunto assim: "Se você tem um pedaço de papel que sempre foi enrolado em um sentido e quer endireitá-lo, terá que enrolá-lo ao contrário".

É perigoso colocar a mente em um estado de embotamento. Algumas pessoas pensam que, se submergem em um objeto e deslizam para uma espécie de cochilo, isso é meditação e, como sua mente não está mais dispersa, pensam que a estabilizaram. Mas não se estabiliza a mente deixando-a ser absorvida dessa maneira; pelo contrário, essa é a abordagem errada da meditação, porque nessa prática se perdem a clareza e a atenção mental. Às vezes, ao afundar nesse tipo de sonolência, depois de um tempo as pessoas podem alcançar uma espécie de paz ou uma sensação prazerosa de bem-estar e relaxamento físico e mental. E, se esse estado é mantido por um período mais longo, a respiração pode até cessar por um tempo, e elas talvez até pensem que atingiram o estado de *samādhi*, mas não se trata disso. Se as pessoas ficam em tamanha sonolência que perdem a atenção, a vigilância, a participação ativa e a clareza mentais, a concentração não tem sentido ou valor. Além disso, as qualidades positivas da mente serão perdidas, e ela se tornará esquecida, inativa e preguiçosa. Devemos, portanto, tomar todas as precauções desde o início, para que a concentração no objeto seja acompanhada de atenção, vigilância, clareza e força ativa de uma mente participante. Quando deixada à solta, a mente comporta-se como um macaco. Jamais para em um lugar, move-se constantemente para cá e para lá. Quando a mente é estabilizada pela concentração em um objeto, essa atividade começa a arrefecer. É importante que a energia da mente seja canalizada e direcionada para o objeto. Durante o processo de concentração, a mente não deve se perder ou dispersar, e sim ser vigiada para que não se mova em direções diferentes.

De qualquer modo, pode parecer que a mente esteja dividida, pois uma parte está empenhada em fazer a imagem, enquanto a outra parte está concentrada nessa imagem. Como, então, é possível concentrar-se com uma mente indivisa? Essas aparentes contradições que surgem quando discutimos a meditação são o resultado de se usar palavras para explicar forças metafísicas. Cada um terá que experimentar e descobrir por si como resolver essas aparentes contradições. Se a pessoa for séria, a solução virá por si.

Conforme afirmado anteriormente, tão logo uma imagem mental é construída, o trabalho do pensamento está encerrado. Quando retira o pensamento, você descobre que perde a imagem porque esta não era retida por toda a mente, era retida apenas pelo pensamento. Quando, por exemplo, você constrói uma imagem mental do Buda, deve sustentá-la apenas com a força da mente plenamente concentrada. Não deve tratá-la como imaginação, pois não é um pensamento. De fato, você não a vê sequer como uma imagem, nem pensa no Buda. A palavra "Buda" não está em sua cabeça porque não existe memória e, por isso, você não pode lembrar-se desse nome. Você apenas mantém a imagem na mente. Retém sem pensamento, reconhecimento ou palavras. De modo semelhante, se produziu a imagem de um globo de luz em sua mente, você não deve pensar: "Isso é uma luz esférica"; você não deve ter pensamentos, palavras, nem mesmo uma memória da palavra "luz". Uma vez que tenha condições de fazer isso – produzir e reter uma imagem na mente –, você terá atingido a concentração. E, depois que isso se tornar um fato, você terá grande gosto e inclinação para meditar e não vai querer desistir.

Quando olhamos uma imagem, ela se reflete nos olhos; seria possível dizer que a imagem é vista internamente por meio dos olhos. Os olhos percebem a totalidade da imagem, e não seu simbolismo. O pensamento intervém e identifica a imagem como uma montanha pintada por um artista famoso, e talvez incite você a comprá-la. Mas o olho não discrimina; apenas vê a imagem. A mente sensitiva sempre distorce os objetos externos, e é exatamente isso que acontece durante nossas tentativas de nos concentrarmos. Construímos uma imagem pela força do pensamento. Então colocamos toda a nossa atenção nela, sem pensamento ou qualquer outro elemento perturbador. Depois de fazer isso, retemos a imagem por meio da concentração plena de uma mente indivisa. Todo o resto é afastado. Isso é difícil, e temos que tentar muitas vezes, mas mais adiante poderemos verificar que, de repente, talvez apenas por um ou dois segundos, somos capazes de focar de modo apropriado antes de a mente se dispersar outra vez.

Examinamos como adquirir o poder de concentração necessário para a meditação. Agora daremos um passo adiante para descobrir como empregar, ou recrutar, a totalidade de nossa mente sempre que desejarmos. A mente de uma pessoa mediana é fraca, mas a natureza da mente em si não é fraca. A consciência do Buda e a consciência do inseto mais minúsculo na essência não são diferentes; mente é mente, e sua natureza é muito clara. Mas o Buda era capaz de empregar a totalidade de sua mente sempre que desejava; em outras palavras, tinha pleno comando sobre o todo de sua mente ou consciência, ao passo que insetos e mesmo pessoas comuns não têm. Na verdade, a maioria dos seres humanos usa apenas uma parte insignificante de sua mente; o resto não é aproveitado. Mas a natureza de nossa mente não é fraca, pois ela é potencialmente apta a atingir o estado de Buda, que é a consciência mais elevada que o homem pode alcançar na terra. O objetivo da meditação é treinar a mente, controlando-a e a deixando sob comando. A maioria de nós é controlada pela mente ou, para ser exato, por uma parte de nossa mente fragmentada e diluída. Assim, desde o princípio, nossa meditação deve começar a controlar a mente, focando sua atenção total em um ponto. Quando atingimos a perfeição nisso, podemos mudar nosso objeto de concentração e ramificar nossas práticas meditativas por um amplo campo.

A respiração deve ser normal durante a concentração.

Para fazer isso, meditadores budistas com frequência usam o método de inspirar e expirar nove vezes da maneira apresentada a seguir.

• Inspire pela narina esquerda, mantendo a narina direita fechada; expire pela narina direita, mantendo a narina esquerda fechada. Repita três vezes.

• Respire normalmente pelas duas narinas três vezes.

• Então, inspire pela narina direita, mantendo a narina esquerda fechada; expire pela narina esquerda, mantendo a narina direita fechada. Repita três vezes.

• Os passos um, dois e três compõem o exercício e devem ser repetidos nove vezes. Depois do passo três, o passo dois pode ser repetido, a seguir os passos um, dois e três, e assim por diante. Você pode prosseguir com o exercício até sua respiração ficar normal.

Esses exercícios respiratórios são muito úteis também para desobstruir um nariz entupido por resfriado. Eis aqui outro método usado por muitos yogues para eliminar uma obstrução nasal. Se o entupimento é na narina esquerda, coloque algo duro sob a axila direita e mantenha ali por alguns minutos até o nariz desobstruir. De modo semelhante, se o entupimento for na narina direita, o objeto duro deve ser pressionado sob a axila esquerda. O encosto de uma cadeira pode ser utilizado para essa finalidade. É importante que o nariz fique desentupido, pois essas obstruções perturbam muito a prática da meditação. Respirar pela boca não é bom e não é recomendado para a meditação. Se você quer praticar meditação, deve tomar muito cuidado com a saúde.

Perguntas e respostas

P: *Qual é o papel da força de vontade na meditação? É útil?*
R: Certa dose de força de vontade é necessária para tudo que alguém deseje fazer, inclusive meditação. Mas força de vontade sozinha não pode fazer o serviço. Você não consegue alcançar a concentração sem prática contínua.

P: *Pode haver a percepção de uma estátua do Buda sem um movimento do pensamento – percepção pura envolvendo apenas o olho e a estátua?*
R: Sim.

P: *Mas não existe estátua – apenas imagem na mente.*
R: Exatamente.

P: *Então acho que a analogia não está exata se alguém diz que existe apenas o olho e a imagem, porque a imagem em si é pensamento. Pode não ser movimento do pensamento, mas é pensamento. A imagem é criada pelo pensamento, ao passo que a estátua não é criada pelo pensamento, a não ser indiretamente.*

R: Não podemos concentrar a totalidade da mente em um objeto externo e então criar uma imagem mental. O movimento do pensamento cessa após a criação dessa imagem mental. Porém, nos processos comuns, uma vez que o movimento do pensamento cesse, a imagem também desaparece porque a imagem é pensamento; entretanto, quando focamos na imagem por meio da concentração meditativa, com a plenitude da mente, isso envolve a totalidade de nossa mente, e isso não é a natureza do pensamento; é a clareza da mente que retém a imagem. Em outras palavras, quando somos capazes de reter a imagem com a totalidade de nossa mente, a imagem não é pensamento, é mente. A mente não é pensamento nesse momento.

P: *Mas a mente necessita de uma imagem?*
R: Em meditação profunda, a mente pode concentrar-se na mente. Mas a maioria das pessoas precisa de uma imagem a fim de ajudar a focar a mente. A imagem, criada pelo pensamento, torna-se uma espécie de convite para a mente focar-se, e, quando a mente fica atentamente focada, o pensamento desaparece na totalidade da mente. Mas o efeito do pensamento permanece, e é o que a mente retém, a fim de não se dispersar. Em um estágio posterior você vai verificar que aquela imagem mental se torna uma realidade e que a concentração da mente se torna uma percepção.

P: *A memória é armazenada no cérebro ou na mente?*

R: Não sei a resposta científica para essa pergunta; a literatura budista não fala do cérebro, apenas sobre o órgão da mente. Quaisquer que sejam suas experiências, elas deixam uma impressão no *continuum* básico da mente, que depende da duração do órgão. Assim, se o órgão passa por uma alteração, o *continuum* é perdido. Ainda assim, algumas impressões gravadas nele são muito profundas, e são essas as impressões que algumas pessoas às vezes recordam em sua vida seguinte.

P: *As roupas têm influência na meditação?*

R: Sim. Sempre se usa vestes soltas e confortáveis, porque roupas justas apertando o corpo geram tensão.

Obstáculos à concentração e medidas preventivas

Já discutimos os estágios elementares da concentração – como projetar a imagem de um objeto na mente, e como se concentrar nessa imagem com a totalidade da mente. Continuaremos no mesmo assunto, tocando especialmente nos seguintes pontos:

• Os obstáculos com que o iniciante se depara quando começa a se concentrar.

• Como esses obstáculos se apresentam.

• Como ir adiante em direção à meta, que é a obtenção de *śamatha*.

Mencionamos que a concentração deve ser praticada com uma mente totalmente unidirecionada; em outras palavras, com grande clareza e pleno poder mental. "Clareza" não se refere à nitidez da imagem que o iniciante deve projetar em sua mente. De início, a imagem pode parecer vaga ou instável, e o meditador não deve dispender muito tempo para torná-la clara, pois isso não é exigido nesse estágio. Ainda assim, ele deve usá-la como um ponto para se concentrar. Entretanto, a mente em si deve estar absolutamente clara, sem qualquer imprecisão ou nebulosidade, pois apenas nesse estado de clareza mental o objeto pode ser refletido. Se o estado de clareza é combinado com a força plena de uma mente unidirecionada e dirigida somente para um objeto, será gerada energia para reter tal objeto. Até mesmo um segundo de preguiça ou vacilação nesse processo significa perda de energia. O verdadeiro problema, porém, é que, tão logo o iniciante é capaz de se concentrar em um objeto com a qualidade mental necessária, ele considera impossível meditar, e é exatamente nesse estágio que pode se decepcionar e desistir, acreditando que para ele meditar é impossível. Mas na verdade não é impossível, e o meditador sério deve perseverar.

São dois os tipos de impedimentos que se apresentam. O primeiro é a distração mental. A mente se rebela porque não quer ser disciplinada e concentrada em um objeto. Além disso, é obstruída por muitos pensamentos, pois é de sua natureza ser muito distraída. No início, essa dispersão da mente é o principal problema. Mais adiante aparece outro impedimento: a mente perde a clareza e a energia. Isso porque afunda no objeto de concentração. A expressão técnica em sânscrito para essa condição é *nimagnatā*, que significa "ir abaixo". Essa é uma condição deveras perigosa, porque muitos iniciantes equivocadamente acham que a mente está ficando estável e continuam com a prática nociva.

A distração mental é facilmente reconhecível, mas é difícil reconhecer o afundamento mental, porque a diferença entre essa condição e a verdadeira meditação é sutil. Por isso o meditador deve ficar vigilante. Medidas preventivas devem ser tomadas já no começo, e é aí que a força de vontade deve ser usada – força de vontade para se manter alerta e observar cuidadosamente a concentração mental. Na verdade, não é tanto observar os rumos da concentração (porque isso pode se tornar facilmente outra distração mental); trata-se mais de ficar em vigília e se manter preparado para observar o surgimento de perturbações.

É aconselhável tomar as duas medidas preventivas a seguir: a primeira é *smṛti*, ou recordação, e a outra é *samprajñāta*, ou reconhecimento. *Samprajñāta* implica conhecer ou reconhecer a perturbação. Funciona da maneira descrita adiante. Primeiro, antes de entrar na concentração, recorra a seu poder de recordação, de modo que ele fique pronto para alertá-lo tão logo o pensamento entre na mente. Isso é muito importante porque, se a pessoa está se concentrando e a mente está dirigida de modo unidirecionado para o objeto ou para a imagem do objeto e naquele momento o pensamento entra na mente, é extremamente difícil controlar. Em geral o meditador fica ciente dos pensamentos em sua mente muito depois de eles terem entrado. Isso significa certa fraqueza do poder de recordação, que deveria funcionar no instante em que o pensamento penetra a mente. No início, a entrada de um pensamento na mente é facilmente reconhecida porque se nota que a imagem mental do objeto desaparece; a concentração então acabou, e deve-se começar de novo. Em um estágio posterior, depois que o aspirante praticou de modo constante, o problema torna-se bem mais difícil, porque o pensamento se esgueira astuciosamente como um ladrão e, sem perturbar a imagem na mente do meditador, trabalha em muitas coisas. Nesse ínterim, o meditador ainda está "concentrado" e retém a imagem na maior parte do tempo. O problema é, evidentemente, muito mais difícil de ser reconhecido ou evitado, pois a recordação ainda não é forte o bastante para alertar o meditador. Portanto, nesse segundo estágio, quando o meditador está um pouquinho mais avançado, a tarefa de revitalizar a faculdade recordativa torna-se muito importante.

É interessante notar que bem no início não é muito difícil concentrar-se; tampouco bem mais adiante, quando *śamatha* é atingida e todos os problemas chegam ao fim. As dificuldades aparecem apenas quando o meditador é parcialmente avançado; por isso, nos estágios intermediários devem-se tomar os devidos cuidados e precauções.

Vários meses vão se passar antes que o iniciante tenha aprendido o bastante com seu professor ou livros para começar os preparativos necessários. E também vai levar mais um tempo antes de ele concluir os preparativos e definir o objeto de concentração. Em seguida, quando ele começar a se concentrar, vai se dar conta de que não chega a lugar nenhum durante umas duas semanas. Talvez obtenha algum tipo de concentração apenas por uns segundos. Ao prosseguir, sentirá que durante as tentativas para se concentrar o número de pensamentos a esvoaçar por sua mente aumenta muitíssimo. De fato, parece aumentar muito além da quantidade que existia antes de ele começar a se concentrar. "O que há de errado comigo?", ele pode perguntar. "Eu tinha uma mente calma antes de começar minha concentração, mas agora está revolta por pensamentos." Na realidade, a coisa não é assim. O fato é que uma pessoa que não medita jamais percebe quantos pensamentos surgem em sua mente. Tão logo ela começa a se concentrar, cada pensamento é reconhecido e realçado.

Assim, por meio da concentração, o aspirante fica ciente do grande número de pensamentos que vêm e vão em sua mente, e é aí que a verdadeira luta tem início. Tão logo ele faz a imagem mental do objeto escolhido, o pensamento vem e a dispersa; então ele monta a imagem de novo só para perdê-la quase que no mesmo instante, assim que outro pensamento surgir; e assim vai. É nesse estágio que se faz necessário um instrutor para guiar o meditador. Pode acontecer também que o iniciante fique demasiado zeloso ao tentar manter alertas seus poderes de recordação e reconhecimento, ou fique atento demais na concentração. Se isso acontecer, ele também perderá as faculdades de recordação e reconhecimento. Portanto, uma aplicação bem equilibrada de todas as faculdades – concentração, recordação e reconhecimento – é absolutamente necessária.

É possível comparar esse problema de ajuste a caminhar na corda bamba. Apenas uma pessoa bem treinada consegue andar na corda e faz isso com uma sombrinha em uma das mãos para manter o equilíbrio. De modo parecido, o iniciante em meditação deve concentrar a atenção na imagem em sua mente (a corda), enquanto se equilibra com a sombrinha da recordação e do reconhecimento, de modo que, assim que um pensamento entra em sua mente, ele toma conhecimento, recorda-se imediatamente e, sem sequer alterar a postura ou atenção, descarta e continua a concentração com a mente unidirecionada. Aqui, o meditador pode usar a força de vontade rejeitando com vigor a entrada de pensamentos difusos em sua mente e direcionando toda a energia mental para a imagem do objeto. Ao mesmo tempo, porém, ele terá que observar com cuidado se readquiriu a mesma concentração clara e vigorosa que possuía antes de o pensamento entrar na mente. Pode ser até que ele tenha melhorado a imagem, e isso é bom, mas o principal é observar bem se a qualidade de clareza e vigor da concentração não diminuiu. Essa "observação" não deve ser feita durante o processo de concentração, mas logo antes ou depois.

Após o meditador ter afastado pensamentos difusos e recuperado a concentração uma série de vezes, ele precisará de um intervalo de cinco a dez minutos. Deve tomar uma xícara de chá ou lavar o rosto, ou dar uma volta; depois, pode retornar ao exercício. Se não se sentir muito bem depois do intervalo, não deve continuar o exercício até estar bem de novo. Depois de um tempo, quando a concentração começa a se estabilizar, o período pode ser gradativamente ampliado, garantindo um bom progresso.

Ao continuar a prática da concentração, o meditador passará por duas fases distintas. Uma fase, como vimos, dará a sensação de um aumento enorme nos pensamentos; durante a segunda, ele vai experimentar uma pausa na continuidade do pensamento por períodos mais curtos ou mais longos. Portanto, ele às vezes vai sentir que precisa lidar com muitos pensamentos, ao passo que em seguida não há pensamento algum por meia hora ou algo assim. Aí, depois desse período de silêncio, a atividade de pensamento volta com força total. Isso significa que o aspirante entrou no segundo estágio do caminho da meditação, e é por causa dessa flutuação na quantidade de pensamentos que ele às vezes tem um bom período de concentração e, em outras ocasiões, quando os pensamentos são numerosos de novo, um mau momento. É aí que ele deve aumentar seu empenho. A fim de estabilizar a flutuação do pensamento, ele deve aumentar o tempo de concentração. Se, por exemplo, estava meditando quatro vezes ao dia, agora pode prolongar os períodos e aumentar o número de vezes que se senta para se concentrar. Ao fazer isso por um tempo, ele vai notar que, quando os pensamentos vierem durante a concentração, vão desaparecer de novo sem muito esforço de sua parte. Ao mesmo tempo, também sentirá que desenvolveu certa firmeza na retenção da imagem do objeto na mente. É exatamente nesse ponto que o "afundamento" mental pode começar.

O "afundamento" mental é um estado bastante perigoso. Primeiro, porque é muito difícil para o meditador – que tem toda a força de sua mente voltada para a concentração – detectá-lo. Segundo, porque o reconhecimento desse estado só vem com a experiência, pois não pode ser expresso em palavras ou demonstrado. Apenas um meditador experiente sabe quando acontece, porque ele conhece a diferença entre isso e a concentração plena. O aspirante deve revitalizar os poderes de recordação e reconhecimento e observar cuidadosamente os rumos de sua concentração. Claro que ele pode continuar os exercícios de concentração tranquilamente, mas isso pode colocá-lo em uma encrenca. Nesse momento é muito melhor que interrompa a concentração deliberadamente e examine se a mente ainda está ativa e alerta ou se começou a afundar lentamente no objeto. O "afundamento" da mente dá uma sensação muito agradável, e muitos meditadores não querem atrapalhar essa sensação de bem-aventurança e serenidade. Além disso, a mente, embora ainda concentrada na imagem, já perdeu sua energia e clareza de forma imperceptível e se tornou opaca como água parada com espuma na superfície. Se o meditador continuar com o exercício durante esse estado mental específico, vai verificar que, após o término da concentração, seu corpo também carrega a sensação de afundamento, e ele quer apenas se sentar sem fazer nada e relaxar.

Muita gente gosta desse tipo de sensação, mas não é o verdadeiro *samādhi*, e jamais levará a ele. Portanto, por mais bem-aventurada e agradável que a experiência seja, o meditador deve lutar para sair dela e progredir na verdadeira meditação. A diferença entre a meditação verdadeira e o estado de afundamento mental talvez possa ser explicada da seguinte maneira: digamos que o objeto de concentração é uma xícara, e a mente é a mão. A mão pode segurar a xícara de modo muito frouxo ou firme, com pleno apoio dos dedos. Nos sutras encontramos a analogia de um homem caminhando por uma estrada acidentada com uma xícara de água na mão. Ele não quer derramar a água, por isso deve observar tanto a estrada quanto a xícara. Da mesma maneira, o aspirante tem que observar sua mente para que ela não se disperse enquanto ele se concentra. Também tem de observar a imagem do objeto em sua mente. A diferença entre a condição de uma mente afundada e da meditação, jaz na força com que a mente retém a imagem do objeto. Quando a mente está clara e retém a imagem com toda a força, está tudo certo. Mas, se fica um pouco frouxa, isso pode levar o meditador a *nimagnatā*, a condição de "afundamento".

É muito mais fácil observar e se livrar da distração mental porque, quando o pensamento chega e a concentração se dispersa, os poderes de recordação e reconhecimento automaticamente começam a trabalhar. No caso do afundamento mental é muito mais difícil, porque a mente não perdeu a imagem; portanto, o poder de recordação não entra em ação, de modo que o meditador vai cada vez mais longe nesse estado de afundamento mental e, quanto mais continua, mais difícil será de sair dele. Todavia, uma vez que o aspirante tenha experimentado a diferença entre afundamento mental e meditação, deve vitalizar os poderes de recordação e reconhecimento com vigilância maior que antes. Assim, tão logo a baixa e o embotamento mental começam, o poder da recordação dá o alarme e o poder do reconhecimento interrompe a concentração. O meditador então percebe que, enquanto retinha a imagem em sua mente, sua concentração deve ter sido rompida pelos poderes de recordação e reconhecimento; portanto, ele deve ter deslizado para o tipo errado de meditação. Aí ele começará a reordenar a mente de novo por meio da vitalização dos poderes de recordação e reconhecimento, e iniciará a concentração outra vez se possível. Porém, se houver alguma dificuldade para recomeçar, deve fazer um intervalo curto, sair para dar uma voltinha e depois disso pode voltar para recomeçar a concentração.

Após o meditador ter exercitado seu poder de concentração por um tempo e a condição de distração e o problema do afundamento mental terem abrandado, o período de concentração adequado vai aumentar, às vezes indo além de dez ou 15 minutos. O meditador não se sentirá tão cansado e será capaz de melhorar sua meditação lentamente e progredir até certo estágio sem a ajuda constante de um professor ou amigo. Contudo, se após alguns meses ele ainda é atrapalhado por distração e "afundamento", existem certas técnicas que deve adotar. Essas técnicas não devem ser usadas no princípio, mas depois de o meditador ter passado ao menos pelos três primeiros estágios de concentração progressiva, ou seja:

• O estágio em que a quantidade de pensamentos parece aumentar tremendamente.

• O estágio em que ele experimenta uma interrupção na continuidade do pensamento; isto é, às vezes tem que lidar com muitos pensamentos, e às vezes, não existe pensamento algum.

• O estágio no qual a taxa de perturbação caiu para um nível mais baixo, e o tempo de concentração verdadeira aumentou.

A essa altura, os estágios mais óbvios de distração e afundamento mental podem ser substituídos por versões mais sutis dessas duas condições, e os esforços do meditador podem ser frustrados por elas. Ele pode combatê-las da seguinte maneira: se, por exemplo, a perturbação é uma versão sutil da distração, o meditador deve escurecer a sala. A seguir deve baixar a altura do objeto no qual está se concentrando. De modo parecido, se o aspirante é perturbado por uma versão sutil do afundamento mental, deve não só aumentar a luz o máximo possível, como também deslocar o objeto para um nível mais elevado. Outra prática útil para o meditador que é atrapalhado pela condição de afundamento mental é, sempre que sai, voltar os olhos para um local ou ponto distante.

Se o meditador progrediu para o quarto e quinto estágios, todas as perturbações terão diminuído, e ele será capaz de se concentrar em um objeto por cerca de 20 minutos de uma vez só sem experimentar a mais leve perturbação. Esse é o começo da obtenção da estabilidade mental. Nessa fase, a vitalização do poder de recordação e reconhecimento, bem como a condição alerta da mente devem ser reduzidas, pois nesse estágio avançado tais qualidades não serão úteis no prolongamento do período de concentração. À medida que diminuem os efeitos das perturbações externas sobre a concentração progressivamente melhor, a recordação, o reconhecimento e o estado alerta da mente podem se tornar fatores perturbantes. Essas medidas preventivas são necessárias e úteis no começo da concentração, quando é preciso não só vitalizar os poderes de recordação e reconhecimento, como também manter a mente alerta para combater a distração e os processos de pensamento. Assim, enquanto não é bom ficar descontraído nos estágios iniciais, o estado alerta não é bom nos estágios mais avançados. Portanto, do quarto e quinto estágios em diante, o meditador deve aliviar, pouco a pouco, a vigilância e o alerta vigorosos da recordação, do reconhecimento e da mente. Tão logo essas faculdades de alerta diminuam, o poder da concentração imperturbada vai aumentar automaticamente.

Deve se realizar sempre um exame periódico da concentração. Isso significa que, ocasionalmente, após um longo período de concentração, o meditador deve interromper a concentração e refletir sobre sua clareza, força, se houve alguma perturbação ou coisas assim. Se verificar que está tudo bem, pode seguir adiante. Entretanto, se verifica que algo não estava em ordem, deve começar de novo e tentar retificar o que quer que esteja errado. Paciência, determinação para continuar e prolongar a prática e não ter pressa para obter resultados são os requisitos essenciais para o progresso na meditação. Nesse estágio, a tendência é de que o meditador fique um tanto confiante demais. Ele pensa que, uma vez que agora consegue concentrar-se por meia hora sem nenhuma perturbação, passará a meditar durante uma hora inteira. Esse tipo de pensamento cria outro tipo de perturbação. O meditador deve contentar-se em progredir lentamente. O tempo de concentração deve ser ampliado apenas em um ou dois minutos por semana, e qualquer ideia de pressa ou impaciência deve ser deixada de lado.

Com o passar do tempo, o meditador pode verificar que é capaz de manter a concentração ao longo de uma semana inteira ou algo assim. E então, de repente, acontece de sua concentração ficar muito perturbada em outra semana.

Quando isso acontece, ele analisa seu estado de saúde, ou dieta, ou ambiente. Quando se avança tanto na concentração, todos esses fatores são relevantes. Comer demais, dormir demais ou ter luz demais no quarto podem fazer com que o meditador perca qualquer progresso que tenha feito, anulando seu longo esforço. Portanto, desse estágio de progresso em diante, é absolutamente necessário que ele se mantenha firme em uma rotina estrita, coma com moderação e mantenha-se com boa saúde até ter adquirido maior controle sobre sua concentração e meditação. Uma vez que tenha alcançado isso – ou seja, que consiga concentrar-se sem falhas por cerca de meia hora de cada vez –, o meditador pode prolongar a prática por um período maior. Se isso correr bem por um tempo, ele estará pronto para o passo seguinte.

O próximo passo a ser dado pelo meditador é quebrar a rotina. Isso significa, por exemplo, que, quando é capaz de se concentrar por um período de tempo considerável pela manhã e de novo à tarde, e ambos os períodos de concentração estão indo realmente bem, ele deixa de meditar na manhã ou tarde seguinte, conforme o caso, e sai para fazer algum trabalho corriqueiro ou se permite enredar em alguma outra influência que cause distração. Claro que isso tudo não passa de um teste para verificar como essas coisas o afetam. Assim, no dia seguinte, ao começar a concentração de novo, ele deve observar com muito cuidado se a paz mental e o controle sobre o poder de concentração estão tão firmes e claros como eram antes de ele se expor às influências externas. Após ter praticado essas variações de rotina por um tempo, ele pode de novo aumentar sua duração para até dois ou três dias. Esses exercícios são necessários porque até esse estágio o meditador viveu em isolamento quase completo. Ele se desligou da vida comum, com todas as suas influências, a fim de obter a concentração e a meditação apropriadas. Porém, agora que atingiu essa meta em certa medida, ele deve aliviar aos poucos e voltar à vida normal.

Mesmo uma pessoa que viva em um recanto solitário pode envolver-se em várias atividades, mas o propósito da meditação é preparar o indivíduo para a autopurificação, a fim de viver na agitação do mundo sem ser influenciado ou maculado por ela. Assim, a exposição ao mundo exterior deve ser gradativa, de modo que o meditador possa checar cuidadosamente se é capaz de se manter firme na concentração. Se ele verifica que em dado momento é afetado pelo mundo, deve retornar à rotina de meditação diária por um tempo. Essa rotina deve ser exposta a mais e mais perturbações, inclusive na dieta e no ambiente. Por fim, o meditador deve aprender a mesclar sua concentração com as atividades cotidianas. Isso significa que deve praticar a concentração enquanto se movimenta ou anda pela rua, quando é preciso prestar atenção no trânsito. Deve praticar a concentração enquanto cozinha, come, dorme, trabalha, e assim por diante. Em todas essas práticas, deve manter em sua mente uma imagem clara do objeto que utiliza habitualmente na concentração.

Recomenda-se que, depois de ter meditado por um longo período em certo objeto e ter atingido poderes de atenção e concentração consideráveis, se troque para um objeto completamente diverso. Por exemplo, se estava se concentrando em um símbolo, seria bom trocar para um som ou um movimento, ou para o corpo. Não é necessário concentrar-se no novo objeto por longos períodos; é preciso apenas fazer a mudança por um tempo. Depois deve se voltar ao objeto de escolha original e concentrar-se nele por uns dias, observando cuidadosamente se isso causa alguma perturbação. Se está tudo bem, pode-se trocar de novo para outro objeto.

Deve-se, então, aumentar gradativamente o período de "sentar-se em concentração". Por exemplo, se estava se sentando por meia hora, deve-se aumentar para 35 minutos e, depois de uma semana, para 40 minutos, e assim por diante. Dessa forma, o período de concentração deve ser ampliado de modo gradual. Os *Śāstras* não falam de horas; mencionam "um quarto de dia" como tempo limite para a concentração intensiva. Podemos considerar que isso signifique três horas. De fato, de acordo com as escrituras, esse é o período máximo permitido para um meditador que ainda não atingiu *śamatha*. Quando se atinge *śamatha*, não há limite para o período de concentração e meditação, porque a meditação se torna então parte da vida e não mais requer um esforço especial.

Sentar-se em concentração por três horas direto só exige uma grande dose de esforço no começo. O meditador deve gravar com firmeza em sua mente:

• Vou meditar nesse objeto específico e minhas faculdades de recordação e reconhecimento estarão a postos, prontas para intervir tão logo qualquer perturbação me venha à mente, de modo que reconhecerei e corrigirei essa condição imediatamente.

• Seguirei meditando por três horas sem intervalo, se nenhuma perturbação se apresentar.

Essas duas disciplinas (que o meditador pode repetir com tanta frequência quanto seja necessário) demandam uma grande dose de esforço no começo. Entretanto, se não existem perturbações e tudo prossegue tranquilamente, depois de três horas a concentração vai se romper de forma involuntária e o meditador vai saber que chegou ao término do tempo que havia estabelecido mentalmente no começo. Ele deve, então, revisar todo seu esforço ao longo das três horas e ver se tudo deu certo, ou se há algo que possa ser aprimorado. Mesmo que as três horas de concentração sejam perfeitas, o meditador não tem como ter certeza de que atingirá *śamatha* dentro de pouco tempo. A obtenção de *śamatha* depende de muitas coisas, tais como o temperamento do meditador. Não importa se alguns períodos de meditação são curtos e outros longos; o importante é que a meditação diária seja mantida a qualquer custo (naturalmente que, se existe disponibilidade de tempo, é recomendada a meditação de três horas diárias). Deve-se evitar muitas lacunas entre as sessões. Se for preciso ficar sem meditar em um dia, é necessário retomar no dia seguinte. Deve-se continuar com essa prática e esperar pacientemente até *śamatha* chegar.

Um meditador que tenha avançado até esse estágio já desenvolveu controle considerável sobre seus pensamentos e poderes de discriminação. Ele nutre qualquer pensamento que deseje, e deixa de lado todo o resto. Isso em si é muito útil para a pessoa, ainda que ela não tenha atingido *śamatha*. Desse momento em diante, o meditador deve esforçar-se para tornar a imagem mental do objeto tão clara quanto possível. Como eu disse antes, não é necessário que o aspirante a meditador faça uma imagem clara no princípio; realmente não importa se a imagem for obscura ou instável. Mas, agora que avançou até o estágio em que consegue meditar por três horas, direto, ele deve tentar tornar sua imagem mental o mais clara possível. Com pleno controle sobre o pensamento e com discriminação, ele agora deve tentar melhorar a imagem, até cada detalhe estar tão claramente delineado quanto o objeto original. Esse exercício é de grande importância para um estágio posterior, quando o meditador atinge *śamatha* e está pronto para entrar em meditação mais elevada.

Perguntas e respostas

P: *Com que frequência se deve meditar e em quais horários?*

R: Se você leva sua meditação a sério, recomenda-se que pratique quatro vezes por dia, isto é, de manhã bem cedo, antes do nascer do sol; mais tarde pela manhã, antes do meio-dia; à tarde, antes do pôr do sol; e à noite, antes da meia-noite. Para meditadores eventuais, meditar uma vez por dia, de preferência de manhã cedo, antes do nascer do sol, é suficiente. Ao contrário de outros sistemas, para os não praticantes, o budismo não recomenda meditação ao nascer do sol, meio-dia, pôr do sol e meia-noite.

P: *O senhor mencionou que os poderes de recordação e reconhecimento têm que permanecer em alerta, de modo que, tão logo o pensamento entre na mente durante a concentração, eles avisem o meditador e se livrem do pensamento. Esses dois poderes mantidos em alerta constante não criariam uma tensão perturbadora na mente?*

R: Eu disse que, no início, antes de a concentração começar, os poderes de recordação e reconhecimento devem ser vitalizados, de modo que, se um pensamento difuso entrar durante o processo de concentração, a recordação soará o alarme e o reconhecimento se livrará do pensamento. Mas não se podem manter os poderes de recordação e reconhecimento ativos durante o processo de concentração, porque isso também seria um processo de pensamento. Esses poderes são vitalizados no começo e ficam em alerta, prontos para funcionar quando quer que seja necessário; quer dizer, tão logo qualquer perturbação entre na mente durante o processo de concentração. Então, e somente então, essas faculdades vão entrar involuntariamente e alertar o meditador contra o intruso.

P: *As pessoas que alcançaram o poder de se concentrar por horas seguidas vão obter os poderes conhecidos como* siddhis?

R: Uma pessoa que avançou a ponto de meditar três horas seguidas com certeza não é mais uma pessoa "comum". Mas os *siddhis* só virão depois de *śamatha* ser atingida e a mente estar absolutamente clara.

P: *O senhor poderia me dizer exatamente o que é* śamatha?

R: *Śamatha* é o nome de um estado mental que se atinge após aprender a se concentrar por um longo período, de até três horas. Essa prática de concentração intensa desenvolve um tipo de energia no corpo, tornando-o muito leve e fácil de lidar. Mais adiante, essa energia também vai para a mente, proporcionando uma sensação muito feliz. Essa sensação não é um sinal de que se tenha atingido *samādhi* ou nirvana – é apenas uma sensação feliz. Essa sensação psicofísica perdura por um tempo, mas, à medida que se prossegue na prática de concentração, ela diminui, e então se obtém o poder de ficar concentrado tanto quanto se deseje, seja por sete dias, dez dias ou um mês, sem qualquer perturbação. Ao mesmo tempo, atinge-se uma equanimidade combinada de corpo e mente. Portanto, após ter feito todas essas práticas e depois de ter obtido estabilidade de corpo e mente, finalmente se atinge *śamatha* e se consegue meditar por anos e anos, porque a mente então obedece estritamente aos desejos do meditador. Esse estado, essa estabilidade da mente, é *śamatha*.

P: *Como um cego de nascença pode se concentrar em uma imagem?*
R: Um cego pode concentrar-se em um som ou forma. Mas é claro que pessoas com necessidades especiais terão que colocar mais esforço na meditação, porque essa dificuldade também será um impedimento nesse campo específico.

P: *Não seria mais fácil para um cego concentrar-se, já que ele não é distraído pela visão?*
R: Não sei, mas acho que não. Um cego de nascença pode ser perturbado de forma muito mais concentrada pelos quatro sentidos restantes. Essa pessoa deve fazer experiências e verificar qual o melhor caminho para ela.

Progresso da meditação: unidirecionalidade, sabedoria e insight

Se uma pessoa continua com a prática da concentração, vão ocorrer certas mudanças em seu corpo e, mais adiante, também na mente. Essas mudanças acontecem rápida e facilmente no caso de alguns meditadores, ao passo que, no caso de outros, só aparecem depois de muito esforço e prática. Acontece que elas dependem de muitos fatores, tais como os antecedentes da pessoa, seu carma, a qualidade de sua prática e outros. Mas qualquer pessoa que pratique a concentração de modo contínuo e não cometa quaisquer erros elementares deve atingir bons resultados mais cedo ou mais tarde.

A mudança é notada, primeiro, no corpo, porque a mente superficial, utilizada pelas pessoas comuns e propensa a ser *sthūla*, ou grosseira, depende do corpo para seu funcionamento. A mente sutil, entretanto, não depende em absoluto do corpo. Os iniciantes meditam com a mente grosseira, e a mente sutil não funciona nos primeiros estágios da meditação. Entretanto, à medida que o iniciante adquire controle sobre a mente sutil e a leva a uma parada por meio de concentração unidirecional em um objeto, ele cria uma mudança em seu corpo. Isso porque, quando a mente está unidirecionada, o fluxo dos ares vitais no corpo fica sob controle. No estado comum, quando a mente está dispersa, os ares vitais que carregam as forças sutis estão em desordem, e isso afeta não só o corpo, mas também a mente. Portanto, ao controlar a mente, o corpo também entra em estado de harmonia. Quando o meditador atinge esse estágio, ele sente uma sensação agradável por todo o corpo. Essa sensação agradável, ou leveza, que permite ao meditador lidar com seu corpo com muito mais facilidade, com frequência é confundida com uma realização, e as pessoas param aqui, chafurdando na sensação agradável. Isso pode levar o meditador a perder tudo que adquiriu com tanto esforço. A sensação de leveza do corpo é sinal de que se fez certo progresso e está se chegando perto de atingir a verdadeira meditação; não é um resultado em si. Portanto, quando o meditador sente o corpo ficar mais leve, não deve permitir que a mente se disperse. Pelo contrário, deve intensificar a concentração, a meditação e a recordação unidirecionada. Então, cerca de uma semana depois, a sensação agradável no corpo vai amainar. Ele pode achar que a sensação está diminuindo, mas de fato não. Ele está adquirindo o controle da situação e por isso a mente não é perturbada por suas sensações.

Quase na sequência direta dessa sensação corporal agradável surge uma sensação indescritível de contentamento e felicidade mental. Essa sensação não ocorre durante a meditação, mas depois. Essa sensação cria outro problema, pois mais uma vez o meditador fica propenso a se agarrar a ela. Mas ele deve ser firme, interromper a meditação na hora adequada e se dedicar a algum lazer, como sair para uma caminhada, conversar com pessoas, ouvir música, e assim por diante. Dessa maneira, evitará de "se afogar" na meditação, a fim de experimentar os efeitos posteriores de contentamento. Quando ele é firme consigo mesmo, essa sensação de felicidade mental também amaina.

Pode-se ver claramente que a sensação agradável do corpo combinada com a sensação de felicidade da mente formam um laço. Em sânscrito, ioga significa uma combinação harmoniosa de duas coisas, que nesse caso são o corpo e a mente. A concentração sob tais condições é chamada *śamatha* porque todas as funções desordenadas e a dispersão da mente foram pacificadas e eliminadas.

Portanto, quando mente e corpo estão em harmonia e o meditador dirige a mente para um objeto material para se concentrar, ele experimenta uma espécie de *samādhi*. De momento, não possuímos a equanimidade mental necessária para nos concentrarmos nos objetos exatamente como eles são, pois nossa mente está sempre ativa e, por isso, distorcendo as coisas constantemente. Talvez sem atingir *samādhi* não seja possível perceber coisa alguma como é na realidade.

Meditação Budista | 93

A primeira parte da palavra *samādhi*, *sama*, denota igualdade. "Igualdade", nesse caso, significa que os conteúdos do objeto e da mente devem ser iguais. "Igualdade" e "Harmonia" podem existir até entre uma panela e sua tampa no ponto de encaixe; porém, se a tampa não se encaixa exatamente na panela, não existe igualdade nem harmonia entre elas. De modo semelhante, também deve haver igualdade entre o que é conhecido e o conhecedor, ou a mente. Todavia, de momento, devido ao modo como a mente funciona, existe uma desordem nessa área. Por exemplo, a mente funciona através dos olhos. Supõe-se que a visão perceba o objeto diretamente e o mostre à mente sem distorção. Mas é assim? A cor que percebemos, por exemplo, é sempre exatamente correta? Quando olhamos uma forma redonda que está a uns cem metros de distância, nós a vemos no tamanho verdadeiro? A distância reduz a nitidez da cor e da forma, de modo que o objeto muda conforme a distância e a acuidade de nossa visão. Assim, no momento que a imagem toca o campo de nossa percepção, vemos uma coisa diferente. Pode-se dizer o mesmo quando um objeto é colocado tão perto de uma pessoa que seus olhos não conseguem percebê-lo apropriadamente. Portanto, como a mente distorce, existe uma desigualdade entre mente e objeto.

Quando a mente trabalha por meio dos ouvidos, acontece a mesma coisa. Se alguém fala de muito longe, dependendo da distância e de nossa capacidade auditiva, ouvimos palavras distorcidas, ou apenas sons vagos. Naturalmente, diferentes pessoas apresentam distorções diferentes. Entretanto, se o orador que está distante chega mais perto, a recepção torna-se mais clara e, quando ele está bem perto, não existe mais qualquer distorção. Contudo, se o pensamento vem quando se está no processo de ouvir ou olhar um objeto distante, existe grande dose de distorção e uma apreensão errada da palavra proferida ou da percepção do objeto.

 Quando o estado de *śamatha* foi atingido, nossa mente é capaz de se concentrar no objeto com grande equanimidade e percebê-lo exatamente como é, sem a menor distorção. Mas atingir *śamatha* não significa atingir a realidade absoluta ou realizar a verdade última dos fenômenos. Temos que ir muito mais além, se quisermos chegar a esse ponto. O que se obtém com *śamatha* é o poder mental de conseguir se concentrar em um objeto com grande equanimidade. Quando *śamatha* é atingida, o meditador pode reduzir em muito seus esforços de concentração, pois o perigo de dispersão mental ou do lento afundamento da mente está superado. Além disso, uma vez que o meditador tenha passado pelo processo de harmonizar sua mente e seu corpo, ele não mais precisa manter os poderes de recordação e reconhecimento em alerta. Isso também pode ser abandonado porque tais perturbações não voltarão a ocorrer. Além do mais, ele também vai verificar que nenhum inconveniente, como cansaço do corpo e rigidez das pernas, vai surgir enquanto pratica a meditação, pois o corpo terá aprendido a se ajustar e não fará exigências para ser alimentado ou exercitado por certo tempo. O corpo agora é capaz de fazer qualquer trabalho por qualquer período de tempo.

A obtenção de *śamatha* de fato é um marco na meditação. Entretanto, não devemos esquecer que não é a meta última, mas o ponto de onde a verdadeira meditação tem início. Até essa realização, estamos apenas treinando nossa mente para que ela se concentre sem ser perturbada pelo pensamento e sem entrar na condição de afundamento. Enfim, a pessoa séria persevera na meditação apenas pelo bem da meditação e adentra nos oito tipos de *samādhi*, ou seja, os quatro tipos de *rupa samādhi* e os quatro tipos de *nirupādhi samādhi*.

Para o meditador, é um verdadeiro luxo explorar esses diferentes graus de *samādhi*. Mas não vamos nos deixar ir longe demais; vamos ficar com o meditador que atingiu *śamatha* e está prestes a explorar o primeiro estágio de *rupa samādhi*.

O meditador alcançou uma relação harmoniosa entre corpo e mente. Quando começa a concentrar a mente, o corpo imediatamente coopera. No início, quando a pessoa está tentando atingir *samādhi*, pensamento e discriminação são necessários para se aprofundar em certos aspectos – por exemplo, da concentração. O pensamento é necessário para produzir uma imagem do objeto em que ele está se concentrando, e a discriminação é necessária para avaliar se ele está meditando de maneira certa ou errada, e se a imagem que ele fez está clara ou não. O uso do pensamento e da discriminação é, portanto, indispensável para o iniciante antes de ele entrar em *samādhi* e logo depois que ele sai desse estado. Porém, quando se desenvolve mais em termos espirituais e se medita pelo prazer de meditar, existem certos estados mais elevados a serem atingidos, todos eles prescritos nos *Śāstras*.

Os *Śāstras* mencionam três reinos diferentes. O primeiro é o reino de *kama*, o estágio comum em que a maioria das pessoas vive. O segundo é o de *rupa*, que é o estágio da forma. O terceiro é o estágio de *nirupādhi*, o reino da não forma, ou reino além da forma.

No estágio de *kama*, a mente é a mente comum descontrolada. Quando o *samādhi* é atingido (quer dizer, o primeiro estágio de *rupa samādhi*), a mente torna-se muito mais refinada, e o meditador encontra-se em um estado de paz. Se medita nesse estágio por um tempo, ele verifica que não há mais necessidade de pensamento ou discriminação. De modo que agora ele pode eliminá-los e desenvolver um *samādhi* sem eles. Quando atinge esse segundo estágio, ele não precisa do pensamento para entrar nem para sair do *samādhi*. Antes do *samādhi*, durante o *samādhi* e enquanto sai dele, o meditador permanece sem pensamento.

Após a cessação do pensamento, a sensação de felicidade que permanece na mente do meditador torna-se uma perturbação, pois ele considera o estado de *samādhi* mais pacífico sem a sensação adicional de felicidade. Portanto, o meditador tratará de eliminá-la. A cessação da felicidade pode ser alcançada pela prática tanto de *śamatha* quanto de *samādhi*, e, quando tiver efetuado isso com êxito, o meditador vai se encontrar em um estado neutro, que não é feliz, nem infeliz. Esse é o terceiro reino de *rupa samādhi*; é muito mais elevado e muito mais pacífico que o estágio de *śamatha*.

Quando o estado mental de felicidade cessar, o meditador notará que resta mais um fator de perturbação. Esse é causado por *sukha vedanā*, ou uma sensação agradável no corpo, que possui efeito inquietante sobre o meditador. De modo que, por fim, o meditador também trata de se livrar dela. Quando essa sensação for reduzida a *upekshā*, um ponto neutro em que não há prazer nem desprazer, o meditador terá atingido o quarto e mais elevado estágio de *rupa samādhi*.

Depois disso ele sentirá que a relação entre mente e corpo, na verdade, não é útil para a meditação e, portanto, tentará deixar a mente completamente independente do corpo. A fim de atingir isso, ele tem que praticar o *samādhi* da incorporeidade (*nirupādhi samādhi*). *Nirupādhi samādhi* também é dividido em quatro estágios. Para começar, o meditador terá que abrir mão de se concentrar em qualquer objeto que tenha forma, feitio ou qualquer outra corporificação e meditar apenas na vacuidade ilimitada. Não se trata da vacuidade de *śūnyatā*, mas da vacuidade ilimitada de *ākāśa* (espaço), que o meditador toma como tema para o *samādhi*.

Após ter meditado dessa forma por um tempo, o meditador sente que não deve mais se concentrar em um tema que parece externo a ele, de modo que foca a meditação na qualidade ilimitada da consciência. Isso significa que está entrando no segundo estágio de *nirupādhi samādhi*.

Aqui, tudo que resta da prática da meditação é a concentração; mas a própria concentração agora é uma fonte de perturbação, e ele também tem de eliminá-la. Isso significa que o meditador está entrando no quarto ou mais elevado estágio de *nirupādhi samādhi*.

É interessante notar que, a fim de chegar cada vez mais alto na meditação, o meditador tem que eliminar gradualmente uma sensação refinada após a outra e uma prática após a outra. Quando, enfim, se esvazia por completo, ele atinge o quarto estágio de *nirupādhi samādhi*. Daqui em diante o sistema do *samādhi* não vai funcionar para o meditador porque, ao eliminar a concentração, ele abandonou a última tendência ativa de sua mente e, por conseguinte, precisará entrar em um tipo diferente de meditação.

Os ensinamentos budistas e hindus sobre os diferentes estágios de *samādhi* são semelhantes. Os termos técnicos podem ser diferentes, mas a gradação dos estágios e os sistemas de eliminação são, com uma ligeira variação ocasional, comuns a todas as antigas tradições de meditação indianas. Embora de início os sistemas de meditação possam diferir, todos correspondem uns aos outros nos estágios mais elevados, em especial nos estágios de *rupa* e *nirupādhi samādhi*.

Esbocei sucintamente para vocês, sem entrar em pontos técnicos complicados, o progresso da meditação de uma forma organizada e salientei o que se pode esperar em termos de perturbações antes de se atingir os estágios mais elevados. Esse é o padrão geral até os estágios de *śamatha* e *samādhi*, e incluindo-os. Entretanto, no sistema budista, um meditador que atinge o estágio de *śamatha* normalmente não é encorajado a seguir adiante para se refestelar nos oitos estágios dos dois tipos de *samādhi*. Assim que *śamatha* é atingida, as qualificações mentais do meditador são consideradas suficientes para que desenvolva um tipo mais espiritual de meditação e, por isso, recomenda-se que, da obtenção de *śamatha* em diante, o meditador concentre a mente na investigação da realidade das coisas por alguns anos. Conforme mencionado anteriormente, os budistas sempre trabalham com um sistema duplo de verdade temporal ou relativa e verdade última ou absoluta. A realidade das coisas também é dividida em dois níveis, isto é, a do mundo relativo e a do mundo absoluto. De modo que, a fim de descobrir a realidade das coisas, ou abordar a verdade absoluta, é recomendada a prática da meditação sobre as Quatro Nobres Verdades. Para os budistas, a última meta a ser atingida é o nirvana, o estado no qual todas as deficiências da mente deixam de existir. O método para se chegar ao nirvana é duplo, ou seja:

• *Prajñā*, o estabelecimento do *insight* correto, conhecimento ou sabedoria correta.

• *Upāya*, os meios ou método pelos quais *prajñā* pode ser estabelecida.

Quando *śamatha* for atingida, recomenda-se a meditação sobre as Quatro Nobres Verdades e, mais adiante, sobre *śūnyatā* ou a Talidade. Essas meditações destinam-se a ajudar a extirpar *avidyā*, ou o estado de equívoco e ignorância internos. Devido à ignorância, vivemos no *samsara*, cenário de vida sempre cambiante, e é por meio da perseverança nas práticas dos tipos de meditação prescritos que o meditador sério verifica que *śamatha* se torna o método (*upāya*) pelo qual *prajñā* é estabelecida. *Prajñā* é o conhecimento que leva à Qualidade de Ser, à Talidade. É a Sabedoria que conhece a Verdade.

Todo fenômeno que existe de uma forma particular é mal-entendido pelo "eu", o indivíduo. O "eu" existe, não podemos negar. Mas podemos negar a existência do indivíduo conforme entendido por nós no presente. O conceito de "eu" chega a nós por meio de *avidyā*, com a qual percebemos uma entidade que possui uma natureza independente própria (*svabhāva*). Mas o Buda disse que não existe nada desse tipo; tudo existe em um campo de relatividade. Se uma coisa existisse – como pensamos que existe – como um ser independente, teríamos condições de saber ao analisá-la. Mas nada está em posição de ser reconhecido assim. Por exemplo, normalmente pensamos da seguinte maneira: "eu sou" e "eu estou aqui". Pensamos casualmente sobre o "eu", mas não sabemos em que realidade a imagem do "eu" existe. Damos o "eu" por certo e pensamos que ele existe e não depende de mais nada. Porém, quando começamos a investigar o tema mais a fundo, o que encontramos? Dizemos: eu estou aqui, e essa é minha mente, mas a mente não é o "eu"; esse é meu nome, mas o nome não é o "eu". E, ao investigar mais e mais a fundo, entendemos que não existe nada em particular que possa ser apontado como sendo o "eu". Isso é possível porque o "eu" só aparece em coexistência com outros fenômenos, como o corpo, a mente, o nome, as ações e pensamentos do indivíduo. Além disso, o "eu" está relacionado a todos esses fenômenos e deles depende. De modo que o "eu" existe de maneira interdependente no tempo, no espaço, no pensamento, e assim por diante. Ao analisar o tema, verifica-se que, embora nenhum "eu" possa ser identificado externamente, existe alguma coisa daquela natureza no reino da interdependência e que esse fato não é percebido ou compreendido pela mente comum atual. Porém, quando o meditador atinge o poder da concentração (*śamatha*), pode investigar todo objeto ou fenômeno com uma poderosa unidirecionalidade mental que lhe permite penetrar na realidade absoluta.

Realidade absoluta, ou Vazio, ou Talidade, chama-se *śūnyatā* em sânscrito. Até mesmo eruditos renomados, tanto da antiguidade quanto dos tempos modernos, não entenderam corretamente a que Nāgārjuna se referiu em sua exposição da doutrina do Vazio e erroneamente interpretaram *śūnyatā* como aniquilação. Entretanto, estabelecer a verdade, ou mesmo uma verdade relativa, pela negação, é um assunto bem diferente. Esse sistema equivale a chegar ao positivo por meio do negativo. Por exemplo, existe uma panela. Olhamos a panela e a percebemos de forma distorcida, como de costume.

O que temos que fazer agora é negar nossa interpretação distorcida – todas as nossas concepções a respeito da panela – e então, limpos de nossas distorções sobrepostas, a realidade da panela tal como ela é vai aparecer. Quando desenvolvermos *insight* e sabedoria, vamos perceber a realidade de modo semelhante.

Estamos sempre cheios de pensamentos e palavras porque operamos por meio deles constantemente, e sem eles não teríamos condições de fazer absolutamente nada. Usamos imagens para o que quer que falemos e pensemos. Essas imagens em geral são negativas e têm um efeito deformador sobre nossa ação, bem como sobre nossa compreensão e percepção. Assim, por sermos condicionados, nunca vemos nada como realmente é. Uma pessoa não treinada não está em posição de perceber precisa e exatamente os detalhes de um objeto externo. De modo semelhante, quando olha para os domínios internos, é muito difícil que veja qualquer fenômeno sem distorcê-lo. Todavia, conforme mencionamos anteriormente, um meditador sério e avançado pode obter *insight* sobre a realidade das coisas por meio de *prajñā*, porque ela nega todas as forças deformadoras pertencentes à imaginação de "eu" e "meu". Assim, ele obtém êxito na investigação dos fenômenos como realmente são.

Portanto, no estado de meditação, o meditador também divide os fenômenos em duas partes: uma parte contém tudo que pertence ao "eu" e ao "meu", e a outra parte contém todas as outras coisas. Por conseguinte, é feita uma divisão entre *pudgala* (o indivíduo) e *dharma* (tudo o mais que não pertence ao indivíduo), e então *prajñā* os investiga. Investiga de um lado o *pudgala-nairātmya*, ou essência da ausência de núcleo do "eu", ou ausência de ego, e por outro lado o *dharma-nairātmya*, ou ausência de núcleo de todas as coisas, a não substancialidade das coisas. Se o meditador realizou as Duas Verdades, ele prosseguirá investigando tudo e desse modo aprenderá a conhecer a Verdade. De início isso não é realizado por conhecimento direto, mas por inferência, ou *anumāna*. Ele vai descobrir que as coisas não são tão sólidas, tão independentes ou tão imutáveis quanto parecem. Dessa forma o meditador adquire um conhecimento ou *insight* sobre o vazio dos fenômenos. E, à medida que continua com esse tipo de meditação, chega a um estado em que pode perceber a realidade sem pensamento ou distorção, com uma visão direta de *nairātmya* ou ausência de *ātmā*. Isso é *prajñā*, a sabedoria do *insight* que conhece a Verdade, ou *vipassanā*, a visão especial da realidade.

Naturalmente, pode-se meditar sobre *prajñā* em si, e ela pode ser ainda mais desenvolvida. Quando esse estágio é atingido, ocorre uma transformação completa. Isso significa que todo o mundo dos fenômenos conforme percebido até então pela ignorância e concepção errônea desaparece, e um tipo absolutamente novo de ver e conhecer ocupa seu lugar. A ignorância deu lugar à sabedoria. Isso é *vipassanā*.

Perguntas e respostas

P: *O senhor poderia falar mais sobre* prajñā *e a ação de* śūnyatā?

R: As coisas sempre estão no reino de *śūnyatā*, mas não vemos ou percebemos isso. *Prajñā* nos permite olhar para a natureza das coisas do modo como elas existem.

P: *Pode-se dizer que* prajñā *é a percepção da vacuidade, ou que é a sabedoria que é a percepção da vacuidade?*

R: Sim, mas mesmo a palavra "vacuidade" é difícil de entender nesse contexto, porque no budismo vacuidade não significa inexistência.

P: Pode-se dizer que sabedoria é a percepção da vacuidade?
R: Sim.

P: E que atribuir uma existência independente e imutável como núcleo de qualquer coisa é avidyā?
R: Sim, até o estágio de vacuidade.

P: Qual é a relação entre śūnyatā e prajñā?
R: Śūnyatā é o objeto e prajñā é a percepção do objeto. Prajñā investiga e vem a conhecer śūnyatā, que é a dissolução do "eu".

P: Qualidade de ser e percepção são sinônimos?
R: Não, a qualidade de ser é o objeto, e a percepção é um atributo da consciência.

P: O senhor disse que, se uma pessoa viver uma vida pura e for sincera, vai atingir um estado de harmonia e sabedoria com ou sem meditação. A seguir descreveu um método pelo qual ela pode chegar ao nirvana. Viver uma vida pura não é uma meditação? Percebi que viver uma vida pura não é obra de um instante, e que pode levar uma vida inteira ou mesmo muitas vidas para se alcançar sabedoria e realização. Precisamos da percepção, a fim de levar uma vida pura; por que então precisamos de um método especial para chegar *a esse* insight*? Precisamos realmente de um método, tal como o senhor descreveu, uma vez que a percepção da vida pura é em si meditação?*

R: Em uma natureza interdependente, vida pura e meditação seguem juntas. Não creio que, no atual estágio de nosso desenvolvimento (no qual existe um estado mental desorganizado), seja possível vivermos uma vida pura. Naturalmente, o simples esforço de tentar fazer isso vai purificar a mente em certa extensão, e isso, por sua vez, ajudará a se levar uma vida pura. Portanto, pureza de vida e pureza mental ajudam uma à outra, e, se não deparamos com obstáculos, essas qualidades aumentam. É verdade que nossa simples percepção de uma vida pura faz parte do esforço que leva a ela. Entretanto, métodos e sistemas de meditação são programados para funcionar dentro de um limite de tempo. Isso significa que, se uma pessoa quer acabar com esse tipo de vida comum tão logo seja possível – seja nessa vida ou, se não for possível, em outras vidas –, tem que seguir os métodos e sistemas de meditação descritos e não esperar por seu desenvolvimento natural, que levaria muito tempo.

P: *Toda pessoa que está treinando para meditar precisa de um guru?*

R: Depende da pessoa. De acordo com os métodos de treinamento budistas, um completo iniciante não pode agir sem um instrutor; todo *śrāvaka* precisa de um guru. Mas por quanto tempo o instrutor é necessário depende inteiramente do progresso do pupilo. Em uns poucos casos não é necessário um guru. Alguém próximo de se tornar um Buda Pratyeka não precisa de guru.

A totalidade da percepção e as Quatro Nobres Verdades

Qualquer que seja o método adotado, a meta da meditação deve ser atingir um estado mental de totalidade da percepção. Os budistas reconhecem quatro diferentes tipos de percepção.

Primeiro, a percepção comum, por meio da mente sensorial (*indriya-jñāna*), que nos chega através dos olhos, ouvidos e assim por diante.

Segundo, *mano-vijñāna* ou percepção interna, que permanece apenas por um curto período de tempo, no caso de uma pessoa comum, pois é quase que imediatamente perturbada e destruída por pensamentos relativos ou associados.

O terceiro é *svasamvedanā*, que significa a percepção mental ou a própria consciência. Também é percebido no estado comum.

O quarto é a percepção de ioga, que só pode ser atingido quando se desenvolveu unidirecionalidade mental por meio da prática de meditação. Depois de atingirmos a percepção de ioga, seremos capazes de meditar sobre muitos fenômenos. No momento não há como percebermos *śūnyatā* ou *anityata* (a mutabilidade das coisas compostas). Sabemos dessas coisas apenas por inferência. Em outras palavras, nossa mente aprende por meio da lógica e da razão alguns fatos que não somos capazes de perceber de nenhuma outra forma. Porém, quando o meditador desenvolve a unidirecionalidade mental e atinge *śamatha*, tem condições de ir adiante. Portanto, depois de *śamatha* ele atinge *prajñā*, ou a sabedoria que conhece a Verdade; a seguir *vipassanā*, ou a visão, que lhe permite aventurar-se rumo ao desconhecido, do qual uma pessoa no estado mental comum não faz ideia.

No budismo, meditações devocionais, como *dhyana*, *samādhi* e *samāpatti*, não são consideradas importantes. O que se considera importante é o desenvolvimento do poder de investigação, discriminação e análise, e isso só pode ser atingido por *vipassanā*, quando a mente fica no mesmo estado concentrado de *śamatha*. Mas em *śamatha* a mente permanece concentrada apenas em um ponto, enquanto no estado de *vipassanā* ela não fica centrada. Pelo contrário, ela investiga, pensa e analisa sem se distrair ou afundar, conserva sua plena energia. É nesse estado mental que uma pessoa deve meditar sobre as Quatro Nobres Verdades – a realidade do sofrimento, a causa do sofrimento, a cessação do sofrimento e a natureza da cessação do sofrimento.

Em seu primeiro discurso, o Buda repetiu três vezes as Quatro Nobres Verdades para cinco discípulos, e nessa primeira mensagem ele apresentou toda a doutrina do budismo. O Buda as expôs e repetiu de acordo com o desenvolvimento mental de seus discípulos, explicando, por assim dizer, passo a passo. Na primeira exposição, o Buda simplesmente enumerou as Quatro Nobres Verdades, dizendo: essa é a verdade do sofrimento, essa é a verdade da causa do sofrimento, essa é a cessação do sofrimento e esse é o caminho para se alcançar a cessação do sofrimento. Depois de os discípulos terem refletido, meditado e contemplado, ele deu orientação adicional. Ele disse: a verdade do sofrimento deve ser conhecida, a causa do sofrimento deve ser erradicada, a cessação do sofrimento deve ser alcançada e o caminho para se alcançar a cessação do sofrimento deve ser praticado. Desse modo, ele acrescentou algo às verdades, não só destacando a realidade do sofrimento, mas declarando que ele deve ser erradicado. A cessação do sofrimento, portanto, deve ser alcançada, e o caminho para se alcançar a cessação do sofrimento deve ser praticado. Os discípulos meditaram outra vez. Em seguida, o Buda proferiu o terceiro discurso: a verdade do sofrimento deve ser conhecida, mas não há nada a ser conhecido; a causa do sofrimento deve ser erradicada, mas não existe tal causa a ser erradicada; a cessação do sofrimento deve ser alcançada, mas não existe tal coisa a ser alcançada; o caminho que leva à cessação do sofrimento deve ser praticado, mas não existe tal caminho a ser praticado. Esse foi o auge do ensinamento das Quatro Nobres Verdades.

Com isso, fica claro que o Buda inicialmente fez certas afirmações que apontavam para uma realidade. Primeiro ele simplesmente indicou o assunto, em seguida os "deveres" foram acrescentados às afirmações iniciais e, por fim, ele negou todas as afirmações que fizera anteriormente. Isso indica a qualquer meditador que começa a experimentar um estado mental transcendental a necessidade de avançar gradativamente. Se seguir a sugestão, ele chegará a um estado em que meditador, objeto de meditação e ato de meditação se dissolvem no vazio, na vacuidade. Em resumo, poderíamos dizer que o que quer que seja percebido por nós em nosso estado mental comum deve ser dissolvido ou transformado.

Deve haver uma mudança. E essa mudança na atual condição de funcionamento de nossa mente é o objetivo da meditação; é o começo da meditação. Uma vez que a transformação ocorra, não existe um começo nem um fim porque não existe medição de tempo. Poderíamos chamar isso de realização da Talidade, das coisas como elas são, ou dissolução da mente em um estado de consciência mais elevado.

Existe uma coisa que me incomoda e talvez incomode todos nós. Todos temos uma personalidade bem desenvolvida, tivemos boa educação, gostamos de participar de discussões sérias sobre a vida espiritual. Pensamos, lemos, estudamos e investigamos esses temas em profundidade. Desde tempos imemoriais existem numerosos sistemas religiosos, tradições, doutrinas, filosofias e escolas, todavia o homem é incapaz de dar fim ao sofrimento de todos os seres vivos, em geral e de sua espécie em particular. De fato, o sofrimento parece ter se agravado, embora se suponha que o homem tenha atingido o mais alto nível de consciência e esteja avançando de acordo com a teoria da evolução. Mas é isso mesmo? O nível de consciência do homem está em um patamar elevado e se desenvolvendo ou se desdobrando para um estado ainda mais alto? A experiência revela que não está se desenvolvendo, e sim se deteriorando.

O homem adquiriu grande conhecimento no âmbito da ciência e da tecnologia, e em todos os campos temporais materiais, e por meio disso se supriu com tudo o que é necessário para viver uma vida mais confortável. Contudo, a miséria da mente – o corpo interno – não parece estar diminuindo. Podemos discutir assuntos de teor elevado nos campos da filosofia e da religião, mas nossos pensamentos sobre temas filosóficos tornam-se irrelevantes e impotentes diante da realidade gritante de conflito, contradição e desordem na vida cotidiana de muita gente. Em um único dia, seja de manhã ou de noite, quer estejamos dormindo, comendo ou conversando, nossa mente está sempre em um estado de contradição e conflito entre o "eu", ou a atual identidade de indivíduo, e "os outros", ou a sociedade. Tendo observado tudo isso, pode-se indagar qual a serventia de todos esses sistemas, doutrinas e filosofias, uma vez que não somos capazes de aplicar seus princípios para melhorar a humanidade.

O sofrimento humano não é uma ilusão, não é *maya*, como muitos gostam de pensar: é um fato – uma realidade da vida que deve ser encarada por todos. E nós, as chamadas pessoas espirituais, nos tornamos quase impotentes sob tais circunstâncias, e não só incapazes de fazer bem ao mundo em geral, como incapazes de sermos úteis até mesmo para um único indivíduo.

Quando eu era criança, fui colocado em um mosteiro para me tornar monge – uma boa pessoa que beneficiaria um grande número de pessoas. Contudo, revendo minha vida, não consigo pensar em uma só pessoa que tenha se tornado mais pacífica ou menos violenta como resultado de minhas conversas ou de meu contato com ela. Parece que não somos capazes de fazer nada pelas outras pessoas; podemos ajudar apenas a nós mesmos. Então me indago se adianta alguma coisa esperar que, no futuro, sejamos capazes de ajudar no melhoramento da humanidade. Talvez valha a pena considerar as questões a seguir:

• Ainda que não sejamos capazes de ajudar a comunidade inteira, existe algum método pelo qual as pessoas possam se desenvolver em consequência de nosso contato com elas e se inspirar a viver um tipo de vida melhor ou mais espiritual?

• Somos realmente incapazes de beneficiar sequer uma única pessoa, causando alguma mudança na vida dela?

• Seria melhor fazer primeiro algo a respeito de nossa transformação e desenvolvimento pessoal?

Talvez pudéssemos difundir mais bondade amorosa ou transmitir uma mensagem que tornasse as pessoas menos violentas e o mundo um lugar mais feliz de se viver. A humanidade poderia avançar rumo à descoberta e à realização da Verdade.

Fazemos muitas coisas, mas quando nos examinamos a sério ao final de cada ação, talvez nada tenha resultado do esforço. Vamos examinar, por exemplo, o que aconteceu com o esforço investido nesse curso. Um grande número de pessoas boas e maduras passou uma quantidade de horas ouvindo essas palestras pacientemente. Eu mesmo vim de uma cidade distante e lutei com a língua inglesa, a fim de explicar certas coisas a vocês. Porém, se olharmos todo o programa com atenção, poderá parecer que tenha sido totalmente inútil. Eu disse o que tinha a dizer; e, quando eu partir para Varanasi, não haverá nada para levar de volta comigo porque nada aconteceu e não obtive nada. Quando falei a respeito de meditação para vocês, apenas repeti palavras que poderiam muito bem ter sido repetidas por um papagaio. As palavras foram anotadas por vocês de modo bem parecido com as palavras que se lê em um jornal – "Oh, sim, disseram isso e aconteceu aquilo" –, e assim por diante. É exatamente isso que acontece ao longo de toda a nossa vida; essa tendência é visível em todas as nossas atividades, que muito frequentemente são inúteis e sem valor. Avançar pela vida com cuidado, ter um sustento e falar casualmente sobre assuntos filosóficos ou espirituais não beneficia as pessoas em geral, nem qualquer indivíduo em particular. Posso estar errado por pensar que não existe esperança nem sinal de encorajamento no mundo atual. A humanidade está encarando problemas sérios e ninguém – nem os políticos, nem os líderes religiosos – parece ter uma solução para eles. Todos parecem estar ocupados, mas as pessoas ainda sofrem.

Existe, então, alguma chance de libertação dessas dificuldades? Será que podemos encontrar uma solução mais efetiva para os problemas que encaramos hoje – deterioração dos valores morais, corrupção, pobreza, desordem e violência? Em toda parte as pessoas falam da miséria humana e parecem seriamente preocupadas a respeito: será que não podemos encontrar uma solução e mudar o mundo?

Entre as muitas pessoas que falam sobre esses problemas, parece haver algumas que possuem a força de vontade e a determinação necessárias para erradicar pelo menos alguns deles. Mas talvez, no fim das contas, as pessoas não estejam tão seriamente preocupadas com as aflições da humanidade, exceto quando pessoalmente envolvidas. Falamos sobre violência e guerras, mas nossa consciência interna permanece impassível. Podemos dizer: "É uma guerra terrível", mas não temos força mental sequer para desejar que as guerras acabem, a menos que, conforme dissemos, nossa própria vida esteja em perigo. De modo semelhante, podemos ler no jornal que pessoas foram assassinadas, mas nossa mente não se comove. Podemos falar a respeito, mas é apenas conversa, e nunca usamos nossa força mental no sentido de acabar com tais problemas. Podemos pensar a respeito vagamente, mas nossa força mental total não é direcionada para o fim da violência, de modo que no futuro a humanidade não sofra desse tipo de imoralidade.

O Buda nos ensinou que o sofrimento é uma verdade. É uma verdade cotidiana, porque todo mundo sofre. A causa do sofrimento não vai cessar a menos que tentemos descobrir qual é ela. Está faltando algo em nós, e com isso a pergunta sobre como trilhar o caminho através do qual o sofrimento é erradicado nunca surge realmente.

Um sofrimento intenso continua presente no mundo de hoje. Existe alguma coisa que possamos fazer pela humanidade em geral, ou alguma coisa que possamos ocasionar em nosso eu pessoal, individual? Será que podemos pensar em algo que efetivamente provoque uma mudança imediata para melhor?

Perguntas e respostas

P: *O senhor disse que não somos capazes de fazer nada pela maioria das pessoas, mas que talvez possamos fazer alguma coisa por nós mesmos. Mas também disse que a Verdade não pode ser eliminada, de modo que deve estar aqui, até mesmo nessa era trevosa de Kali*

Yuga em que nos encontramos. Temos que nos aprimorar a fim de encontrá-la, e no processo havemos de progredir gradualmente. Onde existe a Verdade, deve haver progresso, e nenhum esforço é em vão. Embora possamos não fazer muito progresso na meditação, com certeza até mesmo a meditação no nível em que obtemos certa sensação de paz e bem-aventurança é valiosa.

R: Claro, as pessoas podem meditar e podem se desenvolver, e esses esforços não são em vão. Mas a questão que eu estava tentando colocar para vocês é: não seria possível aprimorarmos o padrão da sociedade humana e torná-la melhor por nossos esforços, por nossa meditação e por levar uma vida pura? E, ainda que a sociedade humana no todo pudesse não se beneficiar, pelo menos nosso ambiente próximo e aquelas pessoas com quem temos contato direto se beneficiariam. Os resultados desse esforço e o impacto que ele teria na sociedade seriam de algum modo visíveis. Talvez nossa "pureza" seja tão insignificante, que não se reflita e não irradie uma força de energia efetiva.

Se culpamos a sociedade por todas as coisas erradas que fazemos, por que não pensamos em mudá-la? Há filósofos que dizem que a sociedade não pode ser modificada. Há outros (com os cientistas) que acreditam que uma mudança em certo número de indivíduos não produziria o impacto exigido para mudar a sociedade e que se deve lutar apenas por uma mudança social radical. Quando tal mudança acontecer, afirmam eles, todos os indivíduos também vão mudar.

A sociedade humana, composta que é por indivíduos, está óbvia e visivelmente de fato se deteriorando. Nossos padrões morais, nosso comportamento e nossa forma de lidar uns com os outros estão em declínio. E, nessa condição perturbada, quando cometemos ações erradas, culpamos a sociedade em que vivemos. Dizemos: o que mais posso fazer? Todos os outros estão vivendo esse tipo de vida, e como vou sobreviver se não fizer o mesmo? A sociedade vai me rejeitar. Além disso, se o que quer que façamos deve estar de acordo com o padrão fixado pela sociedade, todos nós temos que contar mentiras, ser desonestos, ofender os inimigos, e por aí vai.

O objetivo da vida espiritual não é apenas o desenvolvimento do indivíduo. O desenvolvimento espiritual individual é para o bem de outros, se não de todos. Portanto, pergunto de novo: não podemos pensar em alguma forma pela qual possamos afetar, efetiva e imediatamente, talvez não o mundo inteiro, mas pelo menos uma pequena parte, que contenha as pessoas com quem estamos em contato direto? Podemos pensar em algo que seja mais eficiente que os sistemas de meditação ou filosofia?

P: O senhor poderia explicar um pouco mais o que quer dizer "a verdade do sofrimento"? Sabemos que existe sofrimento disseminado, mas isso realmente não nos comove. Continuamos centrados em nossos pequenos prazeres e preocupações. Se o sofrimento não se apresenta à consciência como um fato tremendo, a questão de encontrar a cessação não surge. O Buda não disse: "Olhe aqui, isso é sofrimento"; ele disse: "Essa é a verdade que vocês têm de saber". Isso parece sugerir algo mais profundo do que simplesmente atrair a atenção para o sofrimento que todos nós conhecemos por sofrermos em algum momento. As Quatro Verdades são fundamentais, então deve ter um bocado de coisas sugeridas em cada uma delas.

R: A verdade do sofrimento é o que estive tentando colocar para vocês. O Buda, e todo o ensinamento budista, está contido nela e em nada mais. O Buda disse que a verdade do sofrimento deve ser conhecida. Essa é a primeira verdade, e a tônica dessa verdade é que devemos conhecê-la, o que indica que não estamos cientes dela ou não a entendemos. Nossos esforços não provocam os resultados exigidos porque nossa consciência não é profundamente tocada por essa verdade. Até e a menos que o sofrimento afete uma pessoa em particular, direta ou indiretamente, ela não o conhece. Não estamos conscientes do sofrimento como um todo, seja o sofrimento da humanidade ou dos outros seres vivos.

Cada um de nós tem um corpo individual, no qual estabelecemos nossas forças mentais, nossa consciência e nossos pensamentos. Construímos uma concha em torno disso tudo e tentamos conservar essas forças dentro dela para nosso uso privado. Isso significa que nossa mente e consciência individuais estão, portanto, desconectadas da totalidade de toda vida, do princípio todo-penetrante da "qualidade de ser". Uma vez que nossa consciência está desconectada de qualquer fenômeno externo, nossos esforços ficam limitados a nós mesmos, de modo que não podemos emitir a energia ou a força exigida para ajudar os outros de maneira apropriada e efetiva. O que quer que façamos é autocentrado e em escala muito pequena. É por isso que perguntei se poderíamos pensar ou não em alguma forma possível pela qual pudéssemos expandir nossos pensamentos e nossas visões, encontrar meios e maneiras de deixar nossa consciência ciente do sofrimento. Seja por meio de meditação, outro tipo de prática, determinação, força de vontade ou o que for, deve resultar em nos deixar mais profundamente preocupados com o sofrimento dos outros seres e cientes dele.

O Buda disse: "Vocês devem conhecer o sofrimento", o que sugere que não o conhecemos realmente. Temos todos os tipos de conhecimento sobre o sofrimento, mas isso não significa que conheçamos o sofrimento dos outros. Ter consciência do sofrimento é outra coisa. É conhecer o sofrimento como o sofredor o conhece: significa experimentar o sofrimento de quem sofre com nossa própria consciência, pois estabelecemos uma relação direta entre o sofrimento alheio e nossa consciência. Só então, quando fazemos um esforço para reduzir, se não erradicar, a causa do sofrimento alheio, ele será eficiente.

P: *Mas existe um problema aqui. Se eu conheço o sofrimento como aquele que sofre, se o sofredor desmoronar e chorar, eu também vou desmoronar e chorar, o que não adianta de nada. É isso que significa conhecer o sofrimento como aquele que sofre, ou trata-se de outra coisa? Seria correto dizer que, se alguém conhece a verdade do sofrimento, provoca uma revolução em si mesmo? Se você só conhece o sofrimento de modo superficial ou como uma notícia, não acontece nada. Porém, se você conhece a verdade do sofrimento, visto que a Verdade é poderosa, ela provoca uma espécie de revolução dentro de você. Cria um tremendo movimento, libera energia. Se você vê a verdade do sofrimento, vai haver uma nova energia para ir em frente e investigar sua causa.*

R: Eu não quis dizer que se deva conhecer o sofrimento como aquele que sofre e que, quando o sofredor chora, se deva chorar com ele. Isso seria mero sentimentalismo. As notícias que lemos no jornal sobre um acidente têm tipos de efeito muito diferentes em nossa mente. Leio, por exemplo, que um avião caiu nos Estados Unidos e sei o número de pessoas que morreram, mas o acontecimento não tem efeito sobre meus sentimentos ou minha mente. Porém, se a mesma coisa acontecesse em Varanasi enquanto estou lá e eu lesse a respeito nos jornais, isso me perturbaria mais, especialmente se os nomes das vítimas não fossem citados, pois me preocuparia com a possibilidade de amigos meus estarem envolvidos. Para mim, existe uma diferença entre um acidente na América e em Varanasi. Todos os dias os jornais estão cheios de notícias relativas a eventos que resultaram na morte de pessoas. Nada disso nos perturba, exceto se a notícia tem ligação conosco. Isso mostra que nossa relação com o sofrimento não é verdadeira. Quem sofre faz diferença para nós, o que significa que não existe igualdade em nossa relação com o sofrimento; ela é exclusiva e pessoal. Mesmo quando você pensa que tem um relacionamento verdadeiramente bom com uma pessoa em particular, seus pensamentos na verdade nunca a tocam, porque a pessoa é apenas uma imagem em sua mente, construída pelo seu processo de pensamento e que não tem nada a ver com a pessoa real. Assim, embora você possa ter grande afeição por seu amigo, a verdade é que a afeição que você sente não é por seu amigo, mas pela imagem do amigo que seus pensamentos criaram em sua mente. É esse processo de pensamento criador de imagens, constantemente em operação dentro de nossa mente, que reduz o verdadeiro significado do amor, pois é evidente que não se ama o amigo, mas o próprio eu. Esse fenômeno é ainda mais pronunciado quando se espera algum benefício do outro. O amor verdadeiro é bem diferente. É uma força irrestrita que se expande e abrange todos os seres sencientes. Mas não sabemos nada disso enquanto estamos o tempo inteiro cercados por nossas próprias imagens de ódio e amor, que nos fecham em uma concha muito estreita. Nosso conhecimento do sofrimento também é apenas imaginário, porque ele também está relacionado ao amor do eu.

Libertar-se da miséria: moralidade, concentração e sabedoria

Ao olhar a história da humanidade, vemos que desde tempos imemoriais, houve indivíduos, ou grupos de indivíduos, que sentiram necessidade de examinar os aspectos mais profundos da vida. Como resultado dessas sondagens, herdamos muitas tradições religiosas, filosóficas e éticas, diferentes em conceito e doutrina, que não podem ser reunidas de modo organizado e que não se pode fazer concordarem umas com as outras. Entretanto, se examinamos mais de perto, verificamos que elas têm dois pontos em comum – um no início e outro no fim – e que entre esses dois pontos existe grande variação na tradição religiosa. Por exemplo, todas as tradições religiosas preocupam-se com a libertação da miséria; sua meta e função é apontar um caminho para a salvação de todos os seres vivos, não apenas de indivíduos.

Verificamos que toda a tradição filosófica da Índia pode ser dividida em duas categorias, isto é, *Ātmāvādins* e *Anātmāvādins*. O primeiro grupo aceita o conceito de *Ātmā*, ao passo que o segundo não. Todas as tradições filosóficas, exceto o budismo, podem ser categorizadas como *Ātmāvādins*; os budistas são *Anātmāvādins*, pois não aceitam o conceito de *Ātmā* e defendem o conceito de "não eu" ou "ausência de essência do eu". Os *Ātmāvādins* dizem que sofremos porque não realizamos a natureza de *Ātmā*. Os budistas dizem que não existe essa coisa de um *Ātmā* independente, imutável e permanente, e que existe tanta miséria neste mundo porque as pessoas não percebem isso. Mas sinto que, em nosso nível, falar sobre a inexistência do eu ou a realidade do eu é apenas uma forma de se expressar; antes que uma pessoa tenha atingido a realização ou um *insight* sobre o tema, não faz diferença se ela aceita ou rejeita a existência de *Ātmā*. Quando tentamos expressar uma verdade que está além do pensamento ou expressão, isso se torna apenas uma espécie de símbolo, que aponta uma direção ou caminho pelo qual a realidade pode ser conhecida. O budismo sustenta que *avidyā* (ignorância) não é o resultado da ausência de *vidyā* (conhecimento), mas na verdade é o oposto do conhecimento – é uma concepção errônea. Nós, pessoas comuns, acreditamos em um eu. Desde o princípio nossa consciência está sob a ilusão da existência independente de um eu, que pode ser apontado e mostrado como sendo individual. Por causa dessa concepção errônea, erguemos a fronteira do "eu" e "meu". Quando quer que exista o conceito de "eu" e "meu", existem os desejos de proteger, possuir, obter, conhecer, e assim por diante. Todos eles são produtos do conceito de um eu individual independente e permanente. Quando tais desejos estão presentes, são obrigados a buscar vazão em uma série de ações que criam carma, tanto bom quanto ruim. Ações atraem reações, e com isso se instala um círculo vicioso que não tem fim.

Dessa maneira e por meio dessas ações temos um nascimento e, por termos nascimento, nos envolvemos nos processos de doença, decadência e morte. Depois da morte, haveremos de renascer e seguir o mesmo processo; vamos readquirir o conceito de "eu", que mais uma vez criará desejo, e assim permanecemos presos e confinados no círculo sem fim em que estamos capturados e no qual andamos em roda insensatamente, não só de nascimento em nascimento, mas também dia após dia. Essa concepção errônea, que é o pensamento do eu, está sempre conosco, quer adormecidos ou acordados, e em cada momento de nossas vidas. De manhã à noite, reafirmamos mil vezes a ilusão do "eu". Alguém nos elogia pelo trabalho bem-feito e na mesma hora nos sentimos orgulhosos. Ou alguém abusa de nós e sentimos raiva e reprovação. Em ambos os casos, sentimos o eu muito intensamente – ou melhor, a concepção errônea do que é o eu.

O desejo de prazer e o desejo de evitar sofrimento estão sempre em nós e é com base nesses dois aspectos da mesma força motriz que nascem todas as ações. Por exemplo, se acordamos de manhã com dor de cabeça, na mesma hora surge o pensamento: "Estou com uma dor na minha cabeça". Existe a concepção errônea do eu, expressa na palavra "minha" cabeça, seguida de uma relação entre a dor e o eu. Então nasce o desejo de acabar com a dor, e isso nos impele a tomar um remédio ou ir ao médico. Portanto, essa única ação desencadeia uma série de outras ações, nas quais a concepção errônea do eu cria outros desejos e pensamentos – tais como o de preservação do eu –, e estes, por sua vez, geram medo, que se soma à confusão e ao conflito.

Como esse círculo sem fim pode ser quebrado? Removendo um pequeno raio não conseguimos parar o movimento de uma roda. O centro da roda precisa ser quebrado; a primeira causa deve cessar e, até que isso aconteça, a roda em movimento não pode ser parada, seu movimento só pode ser suspendido por um tempo. O centro, que é a semente ou primeira causa, ainda está ali, o que significa que a segunda e terceira causas também podem aparecer a qualquer momento. Portanto, a erradicação da concepção errônea, ou ignorância, é indispensável se queremos sair do círculo. E o modo como a roda gira é com um círculo dentro de outro – envolve não apenas todo ser vivo, mas toda a comunidade de seres vivos no mundo do *samsara*. Cada um de nós move-se dentro de seu círculo e este se combina com numerosos outros e com numerosos outros seres vivos. Dessa maneira, estamos presos em ações coletivas e ignorância coletiva, que se tornam parte de nosso carma individual. As forças e ações cármicas de muitos seres humanos se entrelaçam, e a humanidade como um todo é capturada na força envolvente do ciclo de *samsara*.

Toda pessoa, então, cria seu círculo, no qual se move conforme a necessidade. O círculo combina-se a – ou se move para dentro de – outros centros de força ou círculos criados por outros. Todos esses círculos combinados engendram uma força tão tremenda que parece que não podemos fazer nada além de mover em roda com eles e permanecer impotentes até e a menos que se ataque a causa raiz de todos, que é a concepção errônea do eu. Como disse o Buda: "A causa raiz da miséria deve ser erradicada". Uma vez que entendemos a miséria, podemos buscar sua causa e dar fim nela.

A causa da miséria, portanto, é a concepção errônea ou ignorância, e o remédio direto para a ignorância é conhecimento – o conhecimento da verdade última ou *prajñā*. Só quando este é realizado a ignorância pode ser erradicada em caráter permanente. Todavia, *prajñā* não pode ser realizada até haver uma mente estável e unidirecionada, apaziguada e sob controle. Essa estabilidade da mente (*samādhi*) pode ser gerada pela prática sustentada de meditação em um único objeto. Ao mesmo tempo, é necessária uma mente em ordem para a prática efetiva da meditação. Entretanto, para alcançar um *samādhi* qualificado, também devemos ter adquirido, antes e depois de nossa prática meditativa, boa conduta e padrões morais elevados. Essas perfeições compõem *śīla*. Os três – *śīla*, *samādhi* e *prajñā* – de acordo com os ensinamentos do Buda, são interdependentes. *Samādhi* refere-se a *śīla*, pois coloca as atividades de corpo e fala em ordem. Só quando o *samādhi* for alcançado podemos examinar em profundidade a realidade dos fenômenos e realizar a sabedoria de *prajñā*.

Śīla é como um corpo. Por exemplo, se temos que cortar uma árvore, precisamos de um machado afiado. Mas também precisamos de um bom corpo físico e de uma mão forte, do contrário, não teremos condições de usar o machado. *Śīla* pode ser comparada a um corpo saudável, *samādhi* à mão forte, e *prajñā* ao machado afiado. Se atuam juntos, a árvore da ignorância pode ser cortada.

Falamos muito sobre *śīla*, *samādhi* e *prajñā*, e discutimos sistemas e métodos de meditação. Pode parecer que esses ensinamentos sejam de nível tão elevado que não seja prático incorporá-los à vida de pessoas comuns. Por isso é importante considerar como isso pode ser feito. É improvável que algum de nós tenha condições de abandonar as obrigações sociais e fugir do mundo ou se retirar para a selva, a fim de meditar até atingir o nirvana. De fato, fazer isso seria uma espécie de covardia. Por outro lado, é necessário bravura para se viver uma vida normal, continuar a praticar *śīla*, *samādhi* e *prajñā* e, enquanto isso, permanecer puro. Vamos considerar como conseguir isso.

Antes de tudo, sugiro que cada um deva traçar um plano para si e manter-se estritamente nele. Tal plano deve centrar-se em torno da prática de *śīla*, *samādhi* e *prajñā*, e deve-se tomar grande cuidado para que o que quer que se faça esteja de acordo. Dessa maneira, o que quer que empreendamos será feito em ordem, quer estejamos nos vestindo, caminhando na rua ou comendo – seja o que for, será a ação que encarna o rigor da ordem. Qualquer um que esteja ciente antes de empreender uma ação, esteja ela em ordem ou não (isto é, seja certa ou errada), vive uma vida disciplinada. Essa disciplina é *śīla*.

Disciplina também significa que devemos concentrar toda nossa mente no que quer que estejamos fazendo no momento – lavando, comendo ou falando – e que a devemos manter recolhida e jamais permitir que se disperse ou se desencoraje. Nossa mente está pouco acostumada a prestar atenção no que quer que estejamos fazendo; em geral, apenas metade dela está na atividade em andamento, enquanto o resto está espalhado por muitas outras coisas. A disciplina nunca pode ser imposta por um agente externo – por religião ou outra pessoa. Deve vir de dentro de nós, com o auxílio de qualquer que seja o conhecimento, experiência e sabedoria que tenhamos. Dar atenção constante a cada parte de nosso trabalho e manter a mente recolhida o tempo inteiro é praticar *samādhi*. Podemos talvez não ser capazes de meditar em um nível muito elevado, mas podemos ser cuidadosos e atentos a respeito do que quer que façamos; jamais devemos fazer qualquer coisa sem dar a ela a plena atenção da mente; assim, todo ato vai manifestar razão e sabedoria.

Portanto, até mesmo escrever uma carta para um amigo requer ordem. Primeiro, escrevemos nosso endereço e depois a data. A seguir, na carta em si, prestamos atenção no estilo de nossa escrita e no uso correto das palavras. Quando a carta está concluída, lemos tudo para ver se transmite nossos pensamentos de forma adequada, e ao mesmo tempo ficamos atentos a erros de grafia e coisas assim. Ao fazer isso, é necessário certo cuidado e critério, especialmente a respeito do conteúdo da carta.

Não há nada que não possa ser aprimorado, e ninguém é perfeito. Não importa que uma pessoa seja grande especialista em seu campo, sempre há margem para melhorar, e sempre é possível obter mais conhecimento. Portanto, devemos tentar constantemente fazer o que quer que estejamos fazendo, seja apenas lavando ou arrumando a casa, melhor do que antes. Se esse estado é constante, se a atenção sem distrações é mantida mesmo nos mínimos detalhes de nossa vida, também haveremos de crescer em *insight* e sabedoria.

Quando praticamos as qualidades de cuidado e critério em nossa vida cotidiana, uma nova energia é gerada na mente. Isso se deve à autodisciplina, concentração e diligência para desenvolver *insight* mais profundo sobre a natureza particular da atividade. Dessa maneira, ocorrerá um desenvolvimento constante e gradual em nosso caráter e mente, e, com o passar do tempo, seremos capazes de meditar melhor e com mais facilidade, e também obteremos um melhor *insight* sobre a verdade das coisas.

Se dermos o devido cuidado ao assunto, veremos que pode ser feita uma grande quantidade de melhorias no modo como vivemos, e que podemos tirar melhor proveito de nosso tempo, de modo que a energia e o tempo que gastamos em preces, meditação e nas chamadas atividades e disciplinas religiosas não seja desperdiçado.

O pensamento requer muita energia interna. Quando nos concentramos na tarefa em andamento, automaticamente eliminamos um grande número de pensamentos. Além disso, podemos facilmente praticar em nossos momentos de lazer, esvaziando a mente de todo pensamento. Isso pode ser feito quando deitamos após uma refeição, não só relaxando nosso corpo, mas também nossa mente. Deixar a mente vazia, sem pensamento ou concentração. O melhor método para parar o pensamento é observá-lo. Normalmente, nunca olhamos nossos pensamentos; sempre nos concentramos no assunto em que estamos pensando e, desse modo, olhamos os pensamentos apenas pelo lado de fora. Mas, se observarmos nossos pensamentos vindo até nós e o modo como avançam, eles ficarão, por assim dizer, mais hesitantes para entrar. Poderíamos dizer que eles são tímidos e não gostam de ser observados! Esse vazio melhora a mente em muito, embora não possa ser comparado ao que se obtém com a meditação. Para aqueles que não conseguem eliminar os pensamentos ao observá-los, eis aqui um segundo método. Trata-se de empurrar todos os pensamentos que vão chegando para certa direção, dando a eles um projeto bem definido ou um tema espiritual de valor para ponderar. Descobrimos que, tão logo damos uma direção definida para nossos pensamentos, surgem certas dificuldades, pois a mente quer se espalhar por todo tipo de assuntos e objetos em vez de seguir a direção específica que lhe é dada. Por isso devemos realmente nos concentrar e trazer a mente de volta repetidas vezes, até que ela fique com o tema escolhido, que pode ser "como servir aos outros", ou "como ser mais gentil e afetuoso".

Ambas as práticas serão de considerável ajuda, mesmo em meio à vida comum no mundo. Se as pessoas apenas experimentassem isso, descobririam por si mesmas que ocorrem nítidas mudanças cerca de uma semana depois.

Outro ponto que gostaria de trazer à atenção de vocês é que devemos reduzir nossas esperanças e medos, pois esses dois tipos de atividades são os mais perturbadores para a mente. Todo mundo sabe que ter medo de alguma coisa não vai ajudar a escapar dela quando chegar. Tampouco a esperança vai compelir uma coisa a acontecer. Medo e esperança, portanto, são atividades inúteis para a mente. Por exemplo, vamos nos observar à espera de um trem. Tanto o medo quanto a esperança nos perturbam. Ficamos a olhar o relógio para ver se o trem vai chegar no horário ou não; de repente ficamos com medo de talvez termos deixado alguma coisa importante em casa ou de que nossa bagagem seja extraviada ou roubada. Depois, quando o trem chega à estação, esperamos encontrar um bom carregador e um bom assento na janela e um bom leito. Durante o trajeto, talvez chequemos em cada estação se o trem está no horário e nos preocupemos se vamos conseguir ou não pegar a conexão em outra parada. Embora saibamos que nossos medos e esperanças não farão a menor diferença nem a favor nem contra, continuamos a nutri-los, às vezes a ponto de incomodar os demais passageiros e também deixá-los apreensivos. Situações semelhantes repetem-se sem parar na vida. Preocupamo-nos com todos os tipos de coisas e tentamos fugir delas ou suprimi-las, e com isso perturbamos nossa estabilidade mental. Pode valer a pena recordarmos que, se existe remédio para um problema, não há necessidade de ficarmos com medo ou preocupados, e, se não há remédio, medo e esperança não servem para nada e podemos muito bem abrir mão deles. É melhor parar de se preocupar e deixar acontecer o que quer que seja do jeito que for para ser.

Nossa energia deve ser usada de modo deliberado, a fim de que cada gota renda algo útil. Devemos sempre tentar conservar nossa energia, porque então podemos atingir algum tipo de meditação gradualmente. Ainda que não meditemos sentados em certa postura nem pratiquemos de determinada maneira, existe outra forma de praticar em cada momento de nossa vida. Se seguimos esse último método, podemos esperar o desenvolvimento de *insight* e sabedoria que vão nos transformar e iluminar. Uma vez que tenhamos atingido esse estado de iluminação no qual realizamos a verdade da ausência de eu, ficaremos livres do desejo porque, sendo o eu dissolvido, o desejo desaparece automaticamente. O desejo está sempre relacionado ao eu; portanto, se não houver o eu, não haverá desejo. O desejo é sempre a ação que busca servir o eu, obter coisas para ele. Portanto, se o desejo é eliminado, não haverá ação autocentrada. Quando a ação autocentrada acaba, também não há reação. Nesse ponto tem início o movimento reverso do círculo vicioso. Entretanto, a força das ações já feitas ainda terá que se esgotar. Porém, quando o movimento delas diminui e não são cometidas novas ações erradas, pois já se realizou a verdade da ausência de eu, o círculo da miséria então chega ao fim.

Gostaria de pedir-lhes que fiquem atentos à miséria do universo em geral e de todos os seres vivos em particular. Fiquem atentos e cientes. Sintam! Ao sentir, vocês vão desenvolver bondade amorosa e compaixão por todos os seres sencientes, e, à medida que a compaixão se manifestar dentro de vocês, a delusão do eu vai diminuir. Desse modo, seu relacionamento com todos os outros seres vivos se tornará mais puro e sua sabedoria será mais profunda e mais forte. Essas qualidades de compaixão e bondade amorosa em uma pessoa indicam que ela está começando a desenvolver a espiritualidade. De início talvez ela mostre essas qualidades em pequenos gestos, mas mais adiante abrangerá o universo inteiro.

Penso que o jeito mais simples e fácil de aplicar nossa mente na meditação é, em primeiro lugar, recolher a mente e agrupá-la de maneira a manter todos os tipos de pensamentos afastados. A seguir, concentrá-la e deixá-la unidirecionada na compreensão da miséria experimentada por todos os seres vivos do universo, recordando que, assim como nós mesmos não gostamos da miséria, os outros seres vivos também não gostam. Por conseguinte, é nossa obrigação fazer algo para eliminá-la.

Se hoje conseguimos fazer pouca coisa, podemos incrementar o poder da mente, pois é o poder mais possante do universo, já que tudo foi e é criado por ele. Esse poder não pode ser perturbado ou desafiado por poderes materiais, porque estes são apenas subproduto do poder da mente. Por conseguinte, os poderes da compaixão e da sabedoria são muito mais fortes que os poderes da ignorância e do ódio. Assim sendo, devemos encher nossa mente de compaixão, bondade amorosa e sabedoria e irradiar essas qualidades para todos os seres vivos, com um forte desejo de que sejam felizes.

Nunca se esqueçam de enviar a força da bondade amorosa a todos os seres sencientes.

Índice remissivo

A

Acadêmicos e meditação 22
Āchāryas (professores) 25, 29, 34
    da antiguidade negaram a importância da meditação 58
    da escola de Asanga 29
    Kamalaśīla 29
    Śāntarakshita 29
    Tson-kha-pa 29
    Vasubandhu 29
Ações
    corretas 31, 34-35
    examinando-as 32
Ākāśa (espaço ilimitado) 99
Akshara (sílaba) como objeto de concentração 51
Amor verdadeiro 124
Análise 15, 18, 25, 110
Anātmāvādins 125-126
Anityata (mutabilidade das coisas compostas) 110
Antigos
    āchāryas (professores) 58
    tempos 37, 43, 52
Anumāna (inferência ou pensamento) 26, 104
Āsanas (posturas externas) 36-38
Asanga (fundador e professor da escola Vijñāna-vāda do budismo Mahāyāna) e mārga (ênfase na meditação) 29
Atenção 131
Ātmā (alma) 125-126
Ātmāvādins (aceitam o conceito de alma) 125-126

Aum como objeto de concentração 51
Ausência do eu 19-20
Avidyā (ignorância) 20, 101, 106, 126

B

Bhajans (música espiritual) 35
Bhāvanā (ponderar, meditar, pensar a respeito,
        investigar, analisar) 15, 21
Bindu (ponto) como objeto de concentração 51
Boca, posição da, durante a meditação 40
Bondade amorosa 115, 136-137
Buda 61-63, 101-102
    as Quatro Nobres Verdades do, 101, 109-112
    consciência do, 63
    ensinamentos do, 129-130
    imagem do, 51-54, 61
    postura do, 38
    Pratyeka (intelectual, não santo compassivo) 108
    primeiro discurso do, 110
Buda Pratyeka (intelectual, não santo compassivo) 108
Budismo
    doutrina do, 19-20, 110-111
    escolas Mādhyamika e Vijñāna-vāda do 29
    Mahāyāna 26, 29
    no Tibete 29
Budista(s)
    ensinamentos 46
    literatura 67
    meditadores 64
    métodos de treinamento 107-108
    modo de vida 30
Budistas 51, 57, 87, 100, 109, 125-126

C

Carma (lei de causa e efeito)   19, 91, 127-128
Cegueira e concentração   89-90
Chitta (disciplina da mente)   30
Ciência   13, 16, 113
Cientistas   15-16, 118
Cinema   22
Citta (mente)   53
Comida vegetariana   22
Compaixão   136-137
Compras   21
Concentração (ver *śamatha*)   15-19, 23, 24-27
    aumentando o período de   84-85
    como primeiro passo na meditação   18
    e cegueira   89-90
    em imagens mentais   51, 55-56, 61, 65-66
    em um ponto   18
    exercícios de   18, 55
    irreal   40-41
    métodos de   49
    na mente   50, 66
    nas virtudes   133-134
    no corpo interno e externo   49-50
    no movimento da respiração   50
    objeto de   49-53, 84
    obstáculos à   69-90
    processo de   55, 61, 74, 87
Condições para a meditação   19, 21
Concentração   96
Contentamento   93
Corpo físico
    cansaço do   95
    disciplina do   30

        leveza do 92
        mudanças no 91
Correta (as/o/os) – limpa (as/o/os), pura (as/o/os)
    ação e intenção 30-31, 35
    e intenção errada 31
    esforço e atenção mental 30
    fala 33, 35
    meditação 20
    meio de vida 30-31, 41
    perspectiva de vida 30
    vida 41-42

D

Darśana (aspecto filosófico do budismo Mahāyāna) 29, 43
Dentes, posição dos, durante a meditação 40
Desejo
    de dinheiro 31
    de prazer 127
    de evitar o sofrimento 127
    libertar-se do 136
Dhāranā (concentrar) 15
Dharma (fenômenos que não pertencem ao indivíduo) 104
Dharma-nairātmya (ausência de núcleo de todas
    as coisas alheias ao "eu") 104
Dhyana (contemplação devocional) 110
Dieta
    e rotina 82
    estrita 82
    vegetariana 22
Dinheiro, desejo de 31
Disciplina 25, 30, 131-133
    na rotina diária 22, 131
    método de 30

       chitta (da mente)   30
       kāya (do corpo físico)   30
       vāk (da fala)   30
Discriminação   62, 86, 96-97, 110
Distração da mente   70-71

E

Energia, conservação da   135
Equanimidade   89, 93, 95
Escolas budistas   29
       Asanga   29
       no Tibete   29
       Mādhyamika   29
       Nāgārjuna   29
       de meditação   29
       Vijñāna-vāda   29
Escolas de meditação tibetanas   29
Esperanças   134-135
Estado de Buda, obtenção do   63
Estresse   21
Estudo   20
"Eu"   101-104, 106, 113, 126-127
       e "meu"   104, 126
Eu (alma)
       buscando o, no interior   19-21
       ilusão do   20
Eu (personalidade)   127-128, 135-136
       concepção errônea do   128
Evolução, teoria da   113

F

Fala
  correta   30-31
  disciplina da   30
Felicidade
  cessação da   98
  desejar aos outros   137
  sensação de   97
Força de vontade   74, 116, 121
  na meditação   65
  para se manter alerta   70-71
Forças metafísicas   61
Formas como objetos de concentração   51

G

Guru (professor)   107-108

H

Harmonia   93
  de mente e corpo   95
Hindus
  ensinamentos   99
  escolas de filosofia   16

I

Ignorância (ver *avidyā*)   20, 101, 106, 126
  erradicação da   128
Igualdade entre objeto e mente   94

Imagem(ns) mental(is)   51, 55, 58, 61, 66, 71, 86
Imagens   103
Indriya-jñāna (senso de percepção comum)   109
Inferência ou pensamento (*anumāna*)   26, 104
Intenção   14, 30-31, 41, 46
Investigação   110
Ioga   93
      percepção de   109
Isolamento   83

J

Jornais   22, 31, 115-116, 123

K

Kali Yuga (a atual era evolutiva da humanidade –
      negra ou de ferro)   117-118
Kama (mente descontrolada)   97
Kamalaśila, Āchārya (professor)   29
Kāya (disciplina do corpo físico)   30

L

Limpeza física e moral   21
Livros   20, 23, 72

M

Mādhyamika, escola do budismo Mahāyāna   29
Mágicos, poderes   15

Mahāyāna 29
    Darśana de Nāgārjuna 29, 43
    escola Mādhyamika 29
    escola Vijñāna-vāda 29
    Mārga de Asanga 29, 43
Mano-vijñāna (percepção interna) 109
Mantras (treinamento da fala) 27
Mãos, posição das 38
    para ajudar a endireitar a coluna 39
    postura da humildade 38-39
    usada no Tibete 38
Mārga (aspecto meditativo do budismo Mahāyāna) 29, 43
Maya (ilusão) 114
Meditação 104
    almofada e cadeira para 36-38
    análise na 15
    boca e dentes durante a 40
    condições para a 19, 21
    coluna durante a 37, 38-39
    correta 20
    escolas de, no Tibete 29
    frequência e tempo da 87
    mãos durante a 38-39
    métodos de 16, 20-21, 24, 29
    motivos para 13-15, 19, 23, 30
    na tradição sânscrita 15
    objetivo da 13-14, 19, 22-23, 30
    olhos durante a 39-40, 44-45
    perigos da 15, 23
    posturas para 36-40
    preparação para a 20-23, 30
    razão para a 19
    retiros de 23
    roupas para 67
    significado da 15

       tântrica   27
       técnicas de   16
       unidirecionalidade da   15
Meditação tântrica   27
Medo(s)   21, 128, 134-135
Meio de vida   22, 30-35, 41, 115
Mental(is)
       doenças   14
       força   53, 58, 116, 121
       imagem(ns)   51, 55, 58, 61, 66, 71, 86
Mente   16
       afundamento da   70, 76-81
       canalizando a   17-19
       clareza da   24-25, 59-61, 66, 69-70
       como de um macaco   60
       concentração da   20, 133-135
       concentração na   49-50, 65-66
       condicionada   58, 103
       contentamento da   93
       controle da   63
       disciplina da   30
       dispersa   58-61, 63, 66-67
       distração da   70-72
       embotamento da   60, 78
       fortalecimento da   42
       funcionando por meio dos olhos e dos ouvidos   123-124
       impura   19-20
       indisciplinada   17
       indivisa   55
       miséria da   113
       movimentos da   17-18
       mudança na condição de funcionamento da   112
       mudanças na   91
       em ordem   129
       pacífica   97-98

      poder da   137
      qualidades da, para a meditação   58-59
      totalidade da   61-63, 65-67
      transcendental   112
      unidirecionalidade da   15, 92, 102, 129, 137
Mente pacífica   14
Métodos científicos   16
Métodos de concentração   49
      disciplina (de corpo, fala e mente)   30
      meditação   16, 20-21, 23-24, 29
Métodos errados   23-24
Miséria (ver "sofrimento")
      causa de   19, 129
      no mundo   19, 126
      no universo   137
Modo de vida justo ou correto (*śīla*)   20, 129-131
Moral
      deterioração   116, 119
      modo de vida (*śīla*)   20, 129-131
Motivação   13-15, 19, 30
Música espiritual (*bhajans*)   35

N

Nāgārjuna   29
      darśana (aspecto filosófico do budismo
            Mahāyāna)   29, 43
      doutrina do vazio (*śūnyatā*)   103
Nairātmya (ausência de alma)   104-105
Não violência e pureza   46
Nimagnatā (afundamento da mente)   70, 75-80
Nirupādhi samādhi (reino da não forma)   96, 98-100
Nirvana (estado mental sem deficiências)   89, 101
      métodos para se atingir o   101
Nobre Caminho Óctuplo, O   30

O

Objetivo da meditação   13-14, 19, 23, 30
Objeto
    escolha do   49
    localização do   54
    mudança do   84
    para concentração   18, 40, 49
    tamanho e cor do   53
Obstáculos à concentração   69-72
Olhos
    durante a meditação   39-40, 44-45
    percebendo com os   62, 94
Ordem   130-133
Ouvir (*śruti*)   20, 94-96

P

Paz   14
Pensamento(s)   17-19
    cessação do   97
    como interferência   25-26, 94-95
    deludido   57
    eliminando o   25-26, 61-62, 65-66, 132-134
    entrando na mente   70-73, 94-95
    necessidade do   55-57, 96-98
    processo de formação de imagens   123-124
Percepção, quatro tipos de   109
Poder
    da compaixão e da sabedoria   136-137
    da força de vontade   65, 71, 74, 116, 121
    da ignorância e do ódio   137
    da mente   137
Poderes

especiais 15
mágicos 15
Ponderar (*vichāra*) 18-21
Posturas (*āsanas*) 36-38
Prajñā (Sabedoria) 20, 30, 101, 104-106, 110, 129-131
Prajña-pāramitā (sutra) 29, 43
Prāṇāyāma e meditação 26
Pratibimba (imagem do objeto) 53
Pratyaksha (realização direta) 26
Preocupações 135
Preparação para meditação 20-23, 30-31
Professor de meditação 23
Pudgala (o indivíduo) 104
Pudgala-nairātmya (essência da ausência de ego do "eu") 104
Pureza (ver "correta") 45-46
   de vida 107
   medida pela não violência 46

Q

Qualidade de Ser, realização da 121
Quatro Nobres Verdades, As 100-101, 110-111

R

Realidade absoluta 95, 102-103
Reconhecimento (*samprajñāta*) da perturbação
   da concentração 71
Recordação (*smṛti*), estado alerta às perturbações
   da concentração 71-73, 77-79, 84-85, 87
Reencarnação, lembranças de 67
Reflexão 16

Respiração
    cessação da   59-61
    com narinas alternadas   64
    concentração na   40, 50
    contagem da   40, 41
    durante a concentração   63-64
    exercícios de   64
    normal   36-37, 40-41
    regulagem da (*prāṇāyāma*)   26
Retiros de meditação   23
Rotina
    variações na   82-85
Roupas para meditação   67
Ruídos   35
Rupa (reino das formas)   97
    samādhi (paz)   96, 97-99

S

Sabedoria (ver "*prajñā*")   20, 101, 130
Samādhi (mente concentrada)   20
    definição de   93
    meditação devocional   110
    nirupādhi (reino da não forma)   96, 98-99
    não verdadeiro   76-77
    rupa   96, 97-99
    estabilidade da mente   129-131
    pensamento e discriminação no   96-97
Samāpatti (meditação devocional)   110
Śamatha (concentração unidirecionada)   15-16, 25, 49, 51-52, 69, 72, 93, 98, 100-101
    obtenção de   84-87, 95-97, 102, 110
    definição de   88-89
Sāmkhya, escola de filosofia   16

Samprajñāta (reconhecimento das perturbações
        da concentração) 71
Samsara (ciclo de nascimentos e mortes) 101, 128
Samskāra (tendência inata)
        mudando 33
Sânscrita, tradição 15
        aspectos da meditação na 15
Śāntarakshita, Āchārya (professor) 29
Śāstras (escrituras) 25
    sobre o verdadeiro objeto de concentração 53
    sobre o tempo limite para a concentração 84
    reinos mencionados nos 97
Saúde 65
Siddhis (atributos da perfeição / poderes psíquicos) 88
Śīla (modo de vida justo ou moral) 20, 30, 129-131
Silencioso 21
Simplicidade 21
Smṛti (recordação) 71
Sofrimento (ou miséria) 110-111, 122-123
    acabar com o 111
    causa do 19, 129
        da humanidade 19, 57, 112-114, 116-117, 120-123
        Quatro Nobres Verdades e 110-111, 120-124, 129
Som como objeto de meditação 51, 54
Sono profundo 14
Śrāvaka (discípulo espiritual) 108
Śruti (ouvir, ou entender pela audição) 20
Sthūla (mente grosseira) 91
Sutra da *prajña-pāramitā* 29, 43
Sukha vedanā (prazer físico) 98
Śūnyatā (vazio, vacuidade ilimitada) 98-99, 105
    doutrina do Vazio 103
    Talidade 101-103
Svabhāva (substância raiz) 101
Svasamvedanā (percepção da mente, ou a
    consciência em si) 109

T

Talidade   57, 59, 112
Técnicas de meditação budista   16
Técnicos e meditação   22
Televisão   22
Tempo, melhor uso do   133
Tranquilidade   22, 76
    da mente (*śamatha*)   16
Transcendental, estado mental   112
Triśikshā (as três doutrinas)   20
Tson-kha-pa, Āchārya (professor)   29

U

Último, o   58
Unicidade   57
Unidirecionalidade (ver "mente")   15, 69-71, 74, 91-92, 109-110
    na meditação   18
Upāya (método de obtenção de sabedoria)   101
Upekshā (sensação física neutra)   98

V

Vajrāyana, Āsanas no   36
Vajra-paryānga, Āsana (postura do Buda)   38
Vāk (disciplina de fala)   30
Vasubandhu, Āchārya (professor)   29
Vedānta, escola de filosofia   16
Vegetariana, comida   22
Verdade
    busca da   13
    do sofrimento   110-111, 120-124

       por meio da negação   103
       realização da   20, 25, 115
       relativa e absoluta   57
Verdades, duas, básicas   104
Vichāra (ponderar)   20
Vida frenética   22
Vidyā (conhecimento)   126
Vijñāna-vāda, escola de budismo   29
Violência e pureza   45-47
Vipassanā (*insight* verdadeiro)   49, 105, 110
       estado mental alerta   16
       analisar   15, 25
Visão   94

Leia também da Editora Gaia

AUTOCURA I
Proposta de um mestre tibetano

Lama Gangchen Rinpoche

O Budismo Tibetano deve ser vivenciado de forma simples e direta. Assim este livro procura difundir os ensinamentos de Buddha, que podem libertar as pessoas do sofrimento.

Autocura I reúne a essência dos pensamentos sobre a prática do budismo no Ocidente. Como um guia prático, auxilia o leitor a pensar e se concentrar na autocura e autoproteção, encontrando em si próprio o caminho para a cura.

O Lama Gangchen Rinpoche, profundo conhecedor da relação entre corpo e mente, ensina que temos muitos conflitos e dúvidas. Por isso a autocura, pois o verdadeiro problema é sempre interno, e sua solução está na sabedoria, na capacidade de despir-se de qualquer egocentrismo. E, com amor, compaixão, alegria, igualdade e paz, o mestre mostra a cura a si e ao próximo, desenvolvendo em nosso interior a energia desses pensamentos ilimitados.

AUTOCURA TÂNTRICA II
Autocura tântrica do corpo e da mente, um método para transformarmos este mundo em Shambala

Lama Gangchen Rinpoche

Contribuindo para uma cultura de paz no terceiro milênio, apresentamos *Autocura tântrica II*. Este livro de exercícios e meditações para purificarmos o corpo e a mente mostra aos ocidentais métodos fáceis e diretos para se desenvolver a energia espiritual no dia a dia. Isso se dará através do caminho da autocura rumo à iluminação, despertando e transformando as influências por meio de práticas astrológicas de cura.

Repleto de mantras e preces que evocam a sabedoria de inúmeros mestres do budismo, a obra tem como guia orientar a busca por bênção e paz, seja interior ou mundial. Mais uma vez o Lama Gangchen Rinpoche torna acessíveis a todos as experiências universais do ser humano e prova que não é preciso ser budista para assimilar essa sabedoria, para transformar o mundo e se curar.

AUTOCURA TÂNTRICA III
Guia para o supermercado dos bons pensamentos

Lama Gangchen Rinpoche

A paz tem sido proclamada por ciências, religiões e Estados. O Lama Gangchen Rinpoche escreveu este livro para oferecer uma nova perspectiva à paz interior e, ao mesmo tempo, colocar um fim à guerra interna que a maioria insiste em viver.

Como realizar a paz interior e a paz no mundo hoje e amanhã? Como manter nossa energia de vida pura e saudável? Como viver em harmonia com o meio ambiente e reparar o que causamos aos cinco elementos? Nossa pureza, mente e natureza são passíveis de recuperação? Ciência e religião: como interagir?

Essas e muitas outras questões são respondidas neste livro. A base são os ensinamentos que Siddhartha Gautama difundiu há mais de 2.500 anos, fundamentados na teoria do karma, também conhecida como lei da ação e reação, na compreensão do espaço absoluto e na interdependência dos fenômenos.

CORAGEM PARA SEGUIR EM FRENTE

Lama Michel Rinpoche

A coragem aumenta à medida que reconhecemos o quanto algo é realmente importante para tornar nossa vida mais significativa. Quando temos a meta de nos desenvolver interiormente, passamos a acreditar que nosso potencial de realizá-la é maior do que as interferências à nossa frente. É essa mensagem que Lama Michel Rinpoche nos transmite neste livro, de coração para coração, por meio de sua sabedoria inata e da experiência adquirida ao seguir os ensinamentos de seu mestre Lama Gangchen Rinpoche e de outros grandes mestres do Budismo Tibetano.

As 63 fotografias do arquivo pessoal do Lama Michel e do Centro Kunpen Lama Gangchen, em Milão, levam o leitor a contemplar as mensagens de cada página deste livro de um modo mais sutil e profundo. Aliás, este livro também pode ser usado como um oráculo. Pense no que gostaria de saber e, de olhos fechados, peça por inspiração e abra aleatoriamente numa página para encontrar a sua resposta.

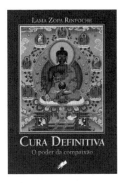

CURA DEFINITIVA
O poder da compaixão

Lama Zopa Rinpoche

As doenças se manifestam em nível físico, no corpo, mas sua origem está na mente, no modo de pensar e agir. A cura real é interna. Por isso, *Cura definitiva* não é um livro de preces para aliviar as enfermidades físicas.

O mestre relata a história de vida de algumas pessoas e expõe seus ensinamentos sobre meditação.

Com sua humildade lendária, o Lama Zopa Rinpoche explica como reconhecer a raiz das doenças e oferece as ferramentas para a cura. Ele mostra como e por que todos temos o potencial de curar – a nós e aos outros. Sem nada excepcional nem técnicas misteriosas, apenas modificando o pensamento.

ESCOLHA A PAZ
Uma dádiva de sabedoria para uma vida menos cara

Lama Gangchen Rinpoche
Tradução de Daniel Calmanowitz

Este livro tem como objetivo compartilhar com as novas gerações um sistema não sectário para a administração da autorresponsabilidade, do autodesenvolvimento e da paz, baseado nos ensinamentos de Buda Shakyamuni há 2.500 anos. Nele, Lama Gangchen aborda os ensinamentos desta tradição de maneira moderna, adequada às necessidades das pessoas dos dias de hoje, muito ocupadas, independentemente da cultura, da idade ou do estilo de vida.

A paz só se tornará uma realidade se encontrarmos novas soluções para as causas sociais, políticas e econômicas dos conflitos. Entretanto, para resolver esses problemas, precisamos primeiro resolver os conflitos internos profundos e a raiva que experimentamos em nossa mente. Lama Gangchen nos oferece a Educação para a Paz Interna como solução. Praticando-a, podemos criar a paz em nosso coração, em nossa casa, na sociedade e no mundo.

PRELO

MANIA DE SOFRER
Reflexões inspiradas na Psicologia do Budismo Tibetano

Bel Cesar

Em *Mania de sofrer*, Bel Cesar, psicóloga clínica e praticante do Budismo Tibetano, apresenta ao leitor suas considerações acerca da Roda da Vida, uma imagem criada por Buddha Shakyamuni como presente para um amigo, que era rei.

O livro explica com clareza os principais aspectos da Psicologia Budista, como a origem do sofrimento, suas causas e a maneira de desenvolver gradualmente a concentração e a sabedoria, para transcendermos nossos sofrimentos psicológicos e encontrarmos a paz interior.

De maneira clara e objetiva, a autora compartilha com o leitor as práticas e os ensinamentos que recebeu de seu mestre Lama Gangchen Rinpoche e suas experiências pessoais na Psicologia Ocidental. Não são textos acadêmicos, mas reflexões sobre como podemos transformar a habitual "mania de sofrer" em sabedoria intuitiva, para não tornar crônico o sofrimento em nossas vidas.

MORRER NÃO SE IMPROVISA
Relatos que ajudam a compreender as necessidades emocionais e espirituais daqueles que enfrentam a morte

Bel Cesar

O que fazer quando nada resta a fazer? A perspectiva da morte tira a esperança da vida, mas então é o caso de compreender as necessidades emocionais e espirituais de quem enfrenta a morte. Se falarmos da morte sem preconceitos vamos aprender a lidar com ela serenos. Vemos então que a morte é, na verdade, a maior oportunidade da vida, um momento para voltar à verdadeira natureza interna, e que o mais fundamental da consciência humana sobrevive à morte.

Baseado em princípios budistas, este livro ensina como ajudar uma pessoa a atingir um estado mental positivo no momento da morte, com paz e plenitude. Relatos de pacientes terminais, comentados por profissionais de diversas áreas, fazem deste livro algo vivo – emocionante e encorajador. Um ensinamento de que sempre há algo a fazer e que mostra a morte com serenidade e esperança.

O LIVRO DAS EMOÇÕES
Reflexões inspiradas na Psicologia do Budismo Tibetano

Bel Cesar

A autora nos convida a questionar as convicções profundas que alimentamos a respeito de nós mesmos e a aceitar o desafio de acolher irrestritamente todas as nossas emoções sem as rotular de boas ou ruins. Desse modo, vergonha, frustração, autossabotagem e autoestima, irritação, medo, morte e luto são temas visitados.

Tendo como base para sua reflexão o Budismo Tibetano, a autora nos inspira a recuperar a confiança básica na essência pura da mente por meio da constante abertura, confiança e coragem para olhar com entendimento e compaixão tudo com que deparamos em nossa vida.

Há também indicações de meditações que farão o leitor se familiarizar com os estados positivos da mente, além da descrição clara e concisa de conceitos que, no âmbito da Psicologia do Budismo Tibetano, servem de base para reflexão.

O SUTIL DESEQUILÍBRIO DO ESTRESSE
Conversas entre uma psicóloga, um psiquiatra e um Lama budista

Bel Cesar e Sergio Klepacz com Lama Michel Rinpoche

Neste livro, a psicóloga Bel Cesar, o psiquiatra Sergio Klepacz e o mestre budista Lama Michel Rinpoche compartilham suas conversas sobre a complicada relação entre o corpo, a mente e o meio ambiente diante dos efeitos do estresse permanente, que todos nós, hoje, sofremos.

Ao esclarecer como a bioquímica do corpo ativa os estados psicológicos e como as atitudes mentais atuam sobre o estado físico, os autores nos permitem aprofundar a noção de autoconhecimento e fornecem preciosas informações sobre como gerar saúde física e mental.

As belas e surpreendentes fotos inseridas nos capítulos fazem deste volume um convite à reflexão para se alcançar um estado de equilíbrio e harmonia entre o corpo, a mente e o ambiente.

Leia também

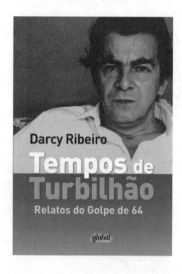

O cardápio que Darcy nos oferece neste livro é completo. O leitor tem à sua disposição seus textos sobre os instantes que antecederam o golpe de 1964, seus escritos que abordam momentos marcantes do desabrochar da ditadura militar no Brasil e suas reflexões sobre as heranças que esse período nefasto legou para o desenvolvimento político e social do país.

Com um olhar mordaz e uma escrita à vontade, *Tempos de Turbilhão* franqueia ao leitor a chance de ouvir a voz combativa de Darcy Ribeiro em sua luta incessante para, durante um período político obscuro de nossa história, manter vivo o sonho de muitos brasileiros: o de construir as bases para uma sociedade democrática, justa e solidária.